MODELOS DA INTERPRETAÇÃO EM PSICANÁLISE

CARLOS AMARAL DIAS – Médico psiquiatra, psicanalista e analista didacta da Sociedade Portuguesa de Psicanálise, tem dedicado à investigação psicanalítica grande parte da sua obra. Dele se diz também ser professor catedrático de algumas universidades, o que no seu entender não beneficia claramente a letra dos seus trabalhos. Outro tanto já não se pode dizer da expectativa que tem em deles fazer pública-acção. Em todo o caso e parafraseando Nietzche, o autor afirma "quando alguém ler um livro meu ao pé de mim fico uma criança envergonhada".

CARLOS AMARAL DIAS

MODELOS DA INTERPRETAÇÃO EM PSICANÁLISE

Reimpressão da edição de Março/2003

ALMEDINA

MODELOS DE INTERPRETAÇÃO EM PSICANÁLISE

AUTOR
CARLOS AMARAL DIAS

COORDENADOR DA COLECÇÃO
VASCO SANTOS

EDITOR
EDIÇÕES ALMEDINA, SA
Av. Fernão Magalhães, n.º 584, 5.º Andar
3000-174 Coimbra
Tel.: 239 851 904
Fax: 239 851 901
www.almedina.net
editora@almedina.net

DESENHO GRÁFICO
FBA. FERRAND, BICKER & ASSOCIADOS
info@fba.pt

PRÉ-IMPRESSÃO | IMPRESSÃO | ACABAMENTO
G.C. – GRÁFICA DE COIMBRA, LDA.
Palheira – Assafarge
3001-453 Coimbra
producao@graficadecoimbra.pt

Outubro, 2008

DEPÓSITO LEGAL
193136/03

Os dados e as opiniões inseridos na presente publicação
são da exclusiva responsabilidade do(s) seu(s) autor(es).

Toda a reprodução desta obra, por fotocópia ou outro qualquer
processo, sem prévia autorização escrita do Editor, é ilícita
e passível de procedimento judicial contra o infractor.

Biblioteca Nacional de Portugal – Catalogação na Publicação

DIAS, Carlos Amaral, 1946-

Modelos de interpretação em psicanálise
ISBN 978-972-40-1891-1

CDU 159.964

Parece-me que uma pessoa ao pegar num livro meu, se concede uma das mais raras distinções – e admito mesmo que tire as luvas, para não falar já dos sapatos!...

NIETZSCHE
Ecce Homo

INTRODUÇÃO

NASCEU ESTA OBRA de um seminário, organizado para um número restrito de analistas e psicoterapeutas de orientação psicanalítica, subordinado ao tema que dá aliás título ao livro, "Modelos de Interpretação em Psicanálise".

"Sofre", por isso, uma vez mais, do estilo resultante da transcrição oral, coisa a que o leitor das minhas últimas obras se vai, bem ou mal, habituando. Creio, no entanto, que a resultante específica talvez ajude a "simplificar" um pensamento que às vezes temo demasiado circular e que, por isso, quando reduzido a escrita pelo autor, resulta frequentemente numa densidade conceptual "excessiva". Aspecto que aliás não lamento assim tanto, como também não lastimo, pelo contrário, o efeito próprio à transcrição.

Há no entanto uma vantagem na obra agora dada a lume. É que ela traduz em boa parte a experiência, a perplexidade, as questões e as dúvidas de um psicanalista de "setting", acumuladas em quase trinta anos de actividade profissional.

Há também por aqui uma dívida de gratidão. Refiro-me às colegas Rosário Belo, Catarina Neves e Ana Almeida, às quais devemos quase todo o produto final. As inúmeras horas de trabalho não têm preço, valor, a não ser aquele que vem pela amizade.

Particularmente à Ana e à Catarina, devo (devemos) um muito obrigado, pois a elas pertence o melhor do livro (no estilo encontrado). À Ana, a paciente recolha bibliográfica, citada ao acaso no discurso.

Não pense o leitor encontrar aqui algo de novo. Quem disse foi Freud, Klein, Bion, Lacan e outros. De mim perpassa apenas a experiência (in)transitiva de os ler, de os rever nos meus analisandos, de os esquecer e de os lembrar de novo.

NESTE SEMINÁRIO trabalho os Modelos da Interpretação porque considero que o conceito de interpretação é central no corpo teórico e técnico da psicanálise. A interpretação é fundamental dado que é uma técnica maior da psicanálise. Todos nós, psicanalistas, nos confrontamos diariamente, por mais experientes que sejamos, com dúvidas sobre a aplicação prática deste conceito. Ao fim de alguns anos de trabalho clínico, esta questão estruturou-se para mim, através da minha experiência, como algo de fundamental e permanentemente aberto à investigação. As questões que coloco são do tipo: Interpretar o quê?; Porquê e para quê interpretar?; De que forma interpretar?; O que podemos dizer aos pacientes?

Para além de considerar a Interpretação e os seus Modelos Teórico-Práticos de interesse fundamental para a psicanálise, enquanto supervisor tenho-me defrontado, conjuntamente com os meus supervisionandos, com situações particularmente graves – pacientes com transtornos graves da comunicação verbal, com graves dificuldades no contacto psicanalítico, com modalidades muito particulares de estar na relação terapêutica – que levantam dificuldades especificas ao nível do trabalho psicanalítico. Foi, também, a partir de um trabalho de reflexão e de investigação destes casos particulares que me pareceu pertinente realizar um seminário sobre os Modelos da Interpretação.

Está muito divulgada a ideia de que a Interpretação é um conceito que surge com o início da psicanálise. Isto, contudo, não é totalmente verdade. No texto que Freud escreveu com Breuer, em 1895, "Studier uber histerie" (Estudos sobre Histeria), não se encontra a noção de interpretação. Se lermos com atenção este trabalho, percebemos porquê, nessa altura, Freud não colocava, evidentemente, questões sobre a interpretação. Freud não o fazia porque ainda não tinha descoberto a psicanálise. Aquilo que Freud fazia, nessa altura, era apenas uma modalidade de trabalho psicoterapêutico, que ainda se encontrava na pré-história do movimento psicanalítico. Este trabalho psicoterapêutico foi, com certeza, organizar, mais tarde, uma coisa chamada psicanálise. Freud e Breuer, na altura, ocupavam-se de muitos pacientes que eram tudo menos histéricos; o conceito central de Freud era que o neurótico sofria de reminiscências, sofria de uma perturbação da memória. Foi precisamente a descoberta posterior de que não havia reminiscência alguma, que trouxe para o plano da psicanálise o conceito de Imersão e o conceito de Interpretação.

Podemos compreender melhor este movimento se seguirmos a evolução da teoria da sedução desenvolvida por Freud. Freud conservou, durante muito tempo, o conceito de reminiscência e acoplado a ele surgiu um outro conceito que se veio a revelar fortíssimo – o conceito de sedução. Freud pensava, nessa altura, que os neuróticos sofriam de reminiscências. É característico do pensamento Freudiano, tal como é próprio do pensamento Platónico ou Aristotélico e até é próprio da nossa forma actual de pensar, a procura de uma causa, de um uno, de um primeiro motor e a ideia de reminiscência surgiu desta forma. Considero que esta forma de pensar (o modelo Platónico e Aristotélico – a procura de uma causa primeira) é imprópria para a Psicanálise, já que se enquadra naquilo a que chamo o *instinto epistemológico de morte* em Psicanálise.

Mais tarde falarei detalhadamente sobre o "instinto epistemológico de morte" e sobre a forma como ele se inscreveu na psicanálise. Paradoxalmente, vemos que ele se inscreveu dentro de um quadro epistemológico que é muito mais congruente com as estruturas de base da lógica Aristotélica e do pensamento Platónico do que propriamente aquela que se introduziu com a verdadeira freudiana e que se foi construindo ao longo de todo o desenvolvimento da obra de Freud.

No princípio da obra de Freud, não existia o conceito de Interpretação, porque ele estava apenas interessado no problema da reminiscência. O estudo detalhado da reminiscência levou-o à construção da teoria da sedução, na qual Freud acreditou durante muito tempo. Esta teoria foi central, nos primeiros tempos da sua obra, pois ele acreditou durante muito tempo naquilo a que poderíamos chamar a primeira versão do trauma. Esta primeira versão do trauma imbrica-se com a ideia de reminiscência. Freud percebeu que havia uma espécie de regularidade do trauma, regularidade essa que estava relacionada com a sedução operada por um adulto a uma criança. Essa sedução, a que o neurótico tinha sido sujeito, era mais tarde revelada ao psicanalista, isto é, ao psicoterapeuta *strictu sensu* pois não se poderia dizer que Freud fosse analista, dado que a psicanálise não tinha ainda sido conceptualizada enquanto tal.

Freud apercebeu-se desta regularidade, embora muitas pessoas ainda hoje não tenham entendido que a regularidade do trauma é uma fabricação da mente; mais tarde, esta regularidade passou a ter o estatuto de fantasia, de fantasma no qual o sujeito acreditava, embora não haja nesta produção fantasiosa do paciente nenhuma simulação, nenhum truque, o paciente acreditava verdadeiramente na sedução.

Os pacientes que Freud tinha, nessa altura, acreditavam verdadeiramente que tinham sido objecto de sedução por um adulto, não tinham nenhuma espécie de dúvida sobre isso. Portanto, quando Freud descobriu a regularidade do trauma descobriu qualquer coisa que tinha fortes implicações com os conceitos de temporalidade, memória e representação. Uma coisa que se pensava que era, afinal não o era, ou seja, a teoria da sedução sob a qual ele ergueu todo o modelo para pensar os fenómenos psicopatológicos deu origem, num segundo tempo, àquilo a que chamaria um mundo de objectos substituíveis.

Penso que nós vivemos num mundo de objectos substituíveis, vivemos num mundo de enlaces mentirosos ou falsos. Criam-se enunciados falsos em cima de algo que se passou, de um facto, de uma estrutura, ou de uma recordação verdadeira com um objecto. É este enlace falso que constitui o discurso que o sujeito nos traz, e isso cria, evidentemente, uma outra dimensão, completamente diferente da compreensão do que é o psiquismo humano.

A palavra alemã "Deutung" é traduzida por "Interpretação" e aparece pela primeira vez no texto de Freud "A Interpretação dos Sonhos". É importantíssimo compreender porque é que Freud introduz um conceito chamado "Interpretação" nesse texto. Isto é um problema fundamental porque a fundamentação epistemológica que aparece na "Interpretação dos Sonhos" é a fundamentação epistemológica da interpretação para Freud.

Interpretação é Interpretação dos sonhos e o psiquismo é Sonho. O Sonho é apresentado como um modelo do psiquismo, logo o psiquismo é sonho. A leitura atenta do capítulo sétimo da "Interpretação dos Sonhos" (1900) permite perceber que todos os mecanismos que Freud propôs para interpretação do psiquismo humano já ali se encontravam.

Seria uma desonestidade científica, afirmar que o que Freud aplica aos sonhos, não aplica, a partir de aí, ao pensar da psicanálise. Freud parte dos sonhos para um modelo muito mais abrangente sobre a compreensão do psiquismo humano e o funcionamento mental. O Sonho é um modelo paradigmático, é o modelo de base ou a fundamentação de base, da qual parte toda a fundamentação da "Deutung". A interpretação é qualquer coisa que se conserva na área do sonho e que abre e se abre, num duplo movimento, que é tão próprio do estar analítico. É próprio do pensar e da interpretação psicanalítica abrir-se, abrir-se ao facto e abrir o facto. Toda esta estrutura está presente na "Interpretação dos Sonhos"; por exemplo, uma ideia tão simples como a de conteúdo manifesto, que é uma das ideias base desenvolvidas na interpretação dos sonhos, está subjacente, hoje, à prática do analista. Ou seja, o que nós fazemos com o sonho e a palavra do sujeito que emerge na análise é qualquer coisa que só é concebível, ainda hoje, a partir desta ideia que é completamente freudiana, diria radicalmente freudiana – de que aquilo que o sujeito diz é outra coisa. Só na psicanálise se pensa que aquilo que o sujeito diz é outra coisa que não aquilo que ele diz. Para os psicanalistas isto é uma banalidade.

Conceitos como conteúdo manifesto, conteúdo latente, condensação, deslocamento, transformação no seu contrário, tudo o que aparece na linguagem do Sonho, o conceito de instância, todos estes conceitos são a fundamentação da metapsicologia. Porque será que toda a fundamentação da metapsicologia está na interpretação dos sonhos? Tal acontece, na minha opinião, por uma razão que me parece óbvia hoje, e que é a seguinte: a fundamentação da interpretação parte do sonho para a realidade e não da realidade para o sonho. Este é o mecanismo que Freud opera.

À distância, a questão é a mesma que, de outra maneira, interessou Husserl, um homem que nasceu em 1856, no mesmo ano que Freud. É uma coincidência extraordinária, absolutamente notável, que duas pessoas que vinham de duas artes completamente diferentes, um da filosofia e outro das ciências naturais e da medicina, se tenham interessado por um mesmo problema, o problema do significado. Husserl por finalidade meramente profissional e filosófica e Freud devido ao equívoco que foi levantado pelos seus próprios pacientes, pois a reminiscência gerou o enorme problema do significado na teoria psicanalítica.

O sintoma é um campo de significados; embora Freud, nesta altura, não tivesse ainda descoberto que o sintoma é um campo de significados, nem que o sintoma tinha um significado, ele pensava que a reminiscência estava acoplada ao sintoma e que bastava simplesmente trazê-la ao de cima e ab-reagi-la. Freud tinha esta ideia da reminiscência, que marcou ainda durante muito tempo a teoria e técnica psicanalítica. Foram os pacientes que se encarregaram de mostrar a Freud que a teoria da reminiscência não era verdadeira.

Mais tarde, Freud teve a noção da importância de tornar consciente o inconsciente e a cura surgiu, nessa altura, como um efeito extraordinário. O problema foi que os pacientes demonstraram que isso era tudo mentira.

A genialidade de Freud revelou-se quando ele mostrou ser capaz de aprender com os seus pacientes. O que ele pensava sobre a reminiscência era mentira e ele foi capaz de voltar a pensar de novo. Nem todos os investigadores têm a capacidade de dizer: "Isso é mentira." Esta possibilidade marcou também a introdução do conceito de interpretação.

A palavra D*eutung* em alemão, não tem um significado tão subjectivado como aquele que nós lhe atribuímos em português. A palavra "interpretação" vem do latim enquanto que a palavra alemã *Deutung*, não tem, obviamente, uma origem latina. A palavra "interpretação" está prenhe de subjectividade e da ideia de arbitrariedade. O único filósofo que dá à interpretação uma outra dimensão é, curiosamente, também um alemão, Hans-Georg Gadamer. Gadamer é um filósofo pós-heidegueriano que pensa que a interpretação objectiviza e não que subjectiviza. É, segundo ele, a interpretação que dá à subjectividade, uma objectividade.

No meu livro intitulado "Da Interpretação psicanalítica" (2001) desenvolvo a questão filosófica da inter-relação entre o problema da interpretação da realidade e do facto real em Gadamer e o conceito de interpretação em psicanálise. Nesse livro chamo a atenção para o facto de que a palavra *deutung* tem muito mais a ver com o conceito de explicação do ponto visto germânico e, sobretudo, tem muito mais a ver com conceito de significação. Qualquer germanista nos ensina, que o conceito subjacente a *Deutung* é significação; é a procura da significação mais do que a interpretação propriamente dita. A interpretação é a procura da significação de algo. Isto é fundamental. É a procura da significação de algo e que emergiu com a "Interpretação dos sonhos", nesse lugar que radicalmente cliva com uma realidade factíca.

A primeira machadada na factualidade foi dada por Freud quando ele percebeu que tal coisa da sedução, não existia. O que existe é uma fantasia de sedução. Esta primeira machadada no conceito de traço mnésico do acontecimento propriamente dito, da realidade, foi algo de fundamental na psicanálise, mas de que muito poucas pessoas se aperceberam.

Aquilo que é mais aprisionante para um psicanalista e que pode constituir-se como uma das maiores fontes de resistência para o paciente, é a convicção de que os factos existem e que eles justificam qualquer coisa. Muitas vezes, os próprios psicanalistas se envolvem na construção deste equívoco, quando na verdade os factos são para a psicanálise o mesmo que os produtos para a economia. Na economia temos factos duradouros, como, por exemplo, uma casa; factos semi-duradouros, por exemplo um vestido; e temos ainda factos não duradouros que são os alimentos. A arte do analista é transformar os factos duradouros em não duradouros, para que eles possam ser operacionais ou operacionalizáveis.

Tudo o resto que constitui a psicanálise como seja a transferência e a sugestão, existe também, simultaneamente como construção e reconstrução da história pessoal. Os construtivistas, como em todas as psicoterapias, perceberam a existência de construções e reconstruções. A única diferença entre os psicanalistas e os psicoterapeutas é que, quando nós falamos da transferência estamos a usar a *via di levare*, para usar a frase que Leonardo da Vinci usou a propósito da arte, enquanto que para a maior parte dos psicoterapeutas que não são analistas, a transferência é a *via di porre*[1]. A transferência nas psicoterapias não analíticas é a tela onde se pinta a psicoterapia. Segundo eles, a transferência não está presente. Qualquer analista ao fim de alguns anos de trabalho não tem qualquer dúvida

---

[1] Ao comentar as diferenças entre a técnica sugestiva e analítica, Freud diz: "Na verdade, há entre a técnica sugestiva e a analítica a maior antítese possível, aquela que o grande Leonardo da Vinci resumiu, com relação às artes, nas fórmulas *per via di porre* e *per via di levare*.

A pintura, diz Leonardo, trabalha *per via di porre,* pois deposita sobre a tela incolor partículas coloridas que antes não estavam ali; já a escultura, ao contrário, funciona *per via di levare,* pois retira da pedra tudo o que encobre a superfície da estátua nela contida.

De maneira muito semelhante, senhores, a técnica da sugestão busca operar *per via di porre;* não se importa com a origem, a força e o sentido dos sintomas, mas antes deposita algo – a sugestão – que ela espera ser forte o bastante para impedir a expressão da ideia patogénica. A terapia analítica, em contrapartida, não pretende acrescentar nem introduzir nada de novo, mas antes tirar, trazer algo para fora, e para esse fim preocupa-se com a génese dos sintomas patológicos e com a trama psíquica da ideia patogénica, cuja eliminação é a sua meta." In *Sobre a Psicoterapia* (1905).

da existência da transferência e dizerem-lhe que tal coisa não existe, é fantástico! Para esses psicoterapeutas a transferência é uma tela onde pintam o quadro, pintam o que eles vão fazendo em cima da transferência, esta é a *via di porre*; a nossa, a analítica é a *via di levare*, como diria Leonardo da Vinci. É a *via di levare* versus a *via di porre*.

Porque é que uma é a *via di levare* e a outra a *via di porre?* Porque, paradoxalmente, e nós, analistas, sabemos disso melhor que ninguém, todo o nosso trabalho é desfazer o equívoco.

O trabalho do psicanalista é desfazer o equívoco da transferência, é desfazê-lo, não é fazê-lo. Nós desfazemos um equívoco que existe. A transferência é, então, um grande equívoco. A interpretação da transferência é o desfazer desse equívoco.

Na interpretação da transferência, o analista vê uma face, mas sabe que está lá outra. Neste sentido, é evidentemente desfazer um equívoco e não criar um; é desfazer um equívoco, porque a transferência é sempre um equívoco. Freud disse: "a transferência é resistência", penso que esta ideia é correctíssima. Ou se está do lado da *via di porre* ou se está do lado da *via di levare* e, quando se está no lado da *via di levare*, a transferência deve ser desfeita pelo trabalho analítico, não deve ser feita, mas desfeita. Neste sentido sou radicalmente Freudiano. Penso que os denominados Kleinianos estão sempre a operar um gigantesco equívoco sobre isto. A técnica Kleiniana, levada às suas últimas consequências, tenta de uma forma, que me parece por vezes quase omnipotente, desfazer todo o equívoco que poisa em cima da relação analítica. O que o analista Kleiniano pretende alcançar é algo que é da ordem do impossível, dado que é da ordem do impossível crer que qualquer interpretação se destine a desfazer completamente o equívoco. Não há equívoco nenhum que se possa desfazer completamente.

O que está na mente do analisando é seguramente uma realidade última. O conceito Bioniano de realidade última já estava presente no discurso de Freud. Para Freud há uma realidade última que é preciso descobrir. Sem essa realidade última, eventualmente nos confins somatopsíquicos, não se dá a construção de um enlace enganoso entre a pulsão e o seu representante. Por exemplo, na realidade última da análise encontram-se duas pessoas, apenas duas, um analista e uma pessoa que procura o analista. A existência real de duas pessoas seria a realidade última do processo analítico. Desfazer todos os equívocos é uma pretensão extraordinária que nenhum analista conseguirá jamais cumprir.

A transferência nem sequer é própria da psicanálise; é um fenómeno próprio de toda a psicoterapia. A transferência é própria de toda a relação humana. A única coisa que a psicoterapia faz, qualquer que seja a psicoterapia, é pôr numa ordem comunicativa, aquilo que é próprio da relação humana. O que é específico da psicanálise é a interpretação. A interpretação é que é própria da psicanálise, porque a interpretação é uma "coisa" que nenhuma outra psicoterapia faz. A interpretação é algo que Freud descobriu com o trabalho dos sonhos, nessa investigação, ele percebeu que se o paciente disse isto, logo disse outra coisa.

É interessante tentar perceber que ordem é essa, que se tem de instalar entre dois sujeitos, para que, a partir de um certo ponto, possa passar a estar implícito em ambas as mentes, na do analista e na do analisando, a ideia de que o que você disse é outra coisa, que não aquilo que disse. Isto é habitualmente aceite como banal para qualquer analista. O analista diz algo – a interpretação – que aparentemente nada tem a ver com o que a pessoa disse e o analisando acha que o que lhe foi dito faz sentido. O fazer sentido enunciado pelas palavras "faz sentido" ou "dá-lhe sentido" ou "faz outro sentido" é inclusivamente um dos critérios *major* da interpretação. Quando o analisando diz: "eu nunca tinha pensado nisso, mas faz-me sentido" a interpretação dá e faz sentido às duas pessoas que estão juntas.

O que se diz numa sessão psicanalítica é sempre outra coisa, nós nem nos damos conta quando nos instalamos atrás do divã e o paciente se deita nele e começa a falar connosco, não nos damos conta, que introduzimos todo o discurso numa delação; é uma espécie de acto de delação da fala do sujeito porque ele é reenviado permanentemente para um outro lugar onde a fala não se está a passar.

Nem tudo o que o analista faz é interpretação. Se pensarmos que tudo é interpretação, isto é, se pensarmos que qualquer intervenção do analista é uma interpretação, que qualquer comunicação do analista é uma interpretação, que a anuência do analista é uma interpretação, que um comentário é uma interpretação, retiramos à interpretação a sua especificidade. Do meu ponto de vista, não é isso que é próprio da psicanálise. O que é próprio da psicanálise, aquilo que radicalmente limita a prática do analista, é a interpretação psicanalítica e só é interpretação psicanalítica aquela comunicação que retoma o discurso do sujeito num lugar outro, que não o lugar do manifesto.

A actividade principal de um psicanalista é interpretar. A interpretação é a actividade que define o analista. Muitas pessoas dizem assim: "a actividade do analista divide-se em duas partes, a passiva e a activa, pela passiva o analista contém e pela activa o analista interpreta, etc.", isso é tudo verdade, mas aquilo que define a actividade do analista não é a passiva, mas sim a activa do analista. O analista organiza o que esteve a fazer na passiva, que foi conceber um discurso potencialmente disjuntor, porque toda a interpretação rompe, toda a interpretação é desestruturante, ainda que tenha aparentemente um efeito estruturante. Utilizando a linguagem de Bion podemos dizer que a interpretação é sempre esquizo--paranóide e a construção é sempre depressiva. Seguramente que toda a interpretação é copulativa e disjuntiva, é copulativa com algo e disjuntiva com algo.

Reflectiremos em seguida sobre onde é que opera a interpretação. Para Freud, para "o último Freud", a interpretação opera sobre as recordações e os sonhos que os pacientes nos contam, sobre a vida que o paciente tem, sobre as relações que o paciente mantém e sobre a maneira como o paciente está connosco.

Quando Freud concebeu a interpretação da transferência, contrariamente ao que muitas pessoas pensam, ele não se referiu à interpretação da transferência, apenas no sentido em que o sujeito se refere a algo que tem explicitamente contida a figura do analista. Freud em "Repetir, Rememorar e Elaborar" (1914) diz que, quando um paciente, por exemplo, durante a análise, está constantemente a titubear, a hesitar no discurso, ele está possivelmente a fazer a mesma coisa com o analista, que faz com a mulher quando tem com ela um problema de potência sexual – o paciente não consegue organizar o discurso, é impotente para dialogar connosco, assim como é impotente para estar com a mulher.

Quando um analista sabe o que é o raciocínio analógico, a força e a fraqueza da analogia, percebe o que é fazer uma interpretação analógica. O que Freud fez foi uma transposição analógica de um campo para o outro. Posteriormente desenvolverei mais detalhadamente as características da interpretação analógica, e discutiremos se toda a interpretação é analógica, se ela é sempre analógica, ou ainda se é obrigatoriamente analógica.

*
* *

Freud quando fala da transferência, não fala apenas de coisas que se passam entre duas pessoas, fala também da forma como o paciente está connosco. Bion em "Second Thoughts" (1967) diz que tudo o que o paciente faz ou diz em análise é susceptível de interpretação. Antes de Bion, Freud já o tinha dito no texto "Repetir, Rememorar e Elaborar". Nesse texto, Freud diz que a maneira como o paciente está connosco em análise, é uma indicação daquilo que se passa na mente dele e é susceptível de interpretação. Portanto, para Freud a interpretação opera sobre tudo aquilo que é observável no campo da psicanálise, tudo o que o paciente comunica independentemente das situações a que se refere. Ao ler este texto, podemos inclusivamente perguntarmo-nos sobre o que é que não cabe no conceito de interpretação. Se cabe o que o paciente recorda, se cabem as relações pessoais do paciente, se cabe a estrutura narrativa do paciente, se cabe a maneira como ele está na análise, se cabem os sonhos, se cabem as acções... então, o que é que não cabe na interpretação? Devemo-nos perguntar não tanto o que cabe na interpretação, mas o que não cabe na interpretação.

Para mim, existem vários Freuds: há o Freud da interpretação dos sonhos, há o Freud até 1937, que é um Freud muito misterioso, é o Freud das "Construções em Análise" (1937). Este é um

Freud absolutamente fantástico, para mim aliás entre "Moisés e o Monoteísmo" (1939) e as "Construções em Análise" não há diferença nenhuma, eu penso que o "Moisés e a Religião Monoteísta" é uma "Construção em Análise", construção ou reconstrução.

O texto das "Construções em Análise" é um texto fantástico e incontornável; até lá, Freud tinha escrito muito pouco sobre técnica psicanalítica, tinha escrito por volta do ano 1914, o texto sobre o amor na transferência[2]. Comparados com a dimensão da obra de Freud, os textos sobre a técnica psicanalítica são pouquíssimos. O tempo de elaboração sobre a interpretação começou em 1900 com "A Interpretação dos Sonhos", tudo o que veio a seguir, até 1937 – até ao texto "Construções em Análise" – foram desenvolvimentos da interpretação dos sonhos. É no texto "Construções em Análise" que Freud diz que a tarefa do paciente é contar o que se passa com ele, as suas coisas, etc.; e que a tarefa do analista é construir ou melhor reconstruir, já que quem primeiro constrói é obviamente o analisando. O que o analisando faz é uma construção já que, a maneira como se dispersam na mente os acontecimentos, é o mito de cada um. Eu penso que não existe uma "res-gesta", mas sim uma "narrativo raro gestare". É completamente ilusório pensar que aquilo que é revelado pelo paciente se passou verdadeiramente. Esta ilusão é uma ilusão semelhante à ilusão de que é possível deitar uma limalha de ferro sobre um campo magnético e determinar a estrutura causal do encontro do campo magnético com a limalha de ferro.

Há uma acessibilidade à "res-gesta". O que se passou é evidentemente necessário à mente do analista e à mente do analisando como um ponto de vista sob o qual se inscrevem, que é a tal limalha de ferro que encontra o campo magnético. É evidente que aquilo a que nós temos acesso é uma "narrativa raro gestare", ou seja, temos acesso apenas àquilo que se revela, que está relacionado com a história do sujeito, com o método histórico e com aquilo que o analista também faz. Os psicanalistas não estão interessados

---

[2] Observações sobre o "Amor de Transferência". 1914 (1915)

em saber o que sucedeu. Freud durante a primeira tópica pensou que o que tinha verdadeiramente sucedido com o paciente poderia ser visível, mas o que sucedeu não é visível. Nós temos apenas acesso ao que nos é narrado, não àquilo que sucedeu; diga-se de passagem que seria absolutamente inconcebível para nós humanos que aquilo que sucedeu fosse a história.

Toda a história do homem, não só a história psicanalítica é aquilo que nos é contado, narrado. Como é que posso relatar aquilo que sucedeu, como é que posso relatar o dia de hoje? Seria absolutamente incongruente que alguém pensasse que a história é o acontecimento, a história é narrar e a narrativa é uma organização do autor, não é uma estrutura. A história é o autor e aquilo que os pacientes nos trazem também é história, a pessoa que vem à sessão é um autor.

INTERVENIENTE – Se a pessoa que vem à sessão é um autor, então é pertinente a questão de saber quem é o intérprete?

O autor é o primeiro intérprete da sua própria história. No texto anteriormente referido, Freud desenvolve o Modelo Arqueológico, numa nota de rodapé muito conhecida, ele compara a reconstrução da história com a reconstrução histórica que o arqueólogo faz, mas a comparação não é inteiramente correcta porque a arqueologia lida com sistemas mortos e nós lidamos com sistemas vivos.

A reconstrução da história obedece ao mecanismo biológico de um sistema vivo. Se a história de um organismo vivo for seccionada num determinado ponto, ela regenera-se de uma determinada forma e a forma como se regenera é semelhante à dos tecidos vivos. Nessa nota de rodapé que aparece no texto "Construções em Análise", Freud utiliza o modelo arqueológico apenas para se distanciar dele, dado que no modelo arqueológico o que aparece são coisas mortas, coisas que acabaram, que desapareceram. O que se passa na mente humana é de um tipo completamente diferente, é do tipo da regeneração do sistema vivo e não do tipo do arqueológico. O tipo arqueológico supõe a construção de algo a partir de uma coisa que está morta, que desapareceu.

O arqueólogo pode imaginar como era aquele prédio, imaginar como era aquele edifício. O psicanalista não é assim que procede, nós vemos o edifício concebido. O modelo é exactamente ao contrário, isto é, se a regeneração aconteceu de uma determinada forma, que é por nós observada, então a pergunta para a qual procuramos uma resposta é: Qual foi o corte que deu origem a esta regeneração? Quando se constrói uma casa, ela tem que ter os alicerces direitos para que fique direita; se os alicerces não ficarem direitos a casa ao ser construída cresce de lado, este crescer de lado é a fixação e a regressão para Freud. A "deformação" dos alicerces, para Freud, é o que leva ao desenvolvimento/crescimento desviado, contudo é de assinalar que Freud nunca disse que havia casas direitas. O que se passa é próximo da regeneração do sistema biológico, não obedece ao paradigma arqueológico.

Freud ainda em 1937 diz que o analisando comunica e associa e que o analista, a partir do que lhe é comunicado, reconstrói a história do paciente e utiliza exemplos metafóricos para explicar este processo. Nesses exemplos ele explica um dado acontecimento da vida da pessoa através de um outro acontecimento, mostrando à pessoa porque é que lhe aconteceu determinada coisa; mas ao fazer isto ele não está a utilizar o modelo arqueológico nem o modelo mecânico, mas sim o modelo da regeneração biológica. Está a dizer à pessoa: "veja porque deforma os seus sistemas, veja porque é assim consigo", não significa que nesta situação esteja implicada uma arqueologia. Penso que a construção não é uma interpretação. Construir não é interpretar. Interpretar é uma coisa, construir é outra.

Do meu ponto de vista a interpretação é disjuntiva enquanto que a construção é copulativa. Penso que todo o modelo da interpretação é um modelo disjuntivo, ou seja, ele cria um processo de dispersão. Esta dispersão da mente é gerada pela inoculação de ansiedade. A interpretação é da área da posição esquizo-paranóide, no sentido Bioniano e não Kleiniano do termo, enquanto que a reconstrução é da área da posição depressiva.

INTERVENIENTE – Aquilo que nos ensinaram é levar à letra o modelo arqueológico, o que pressupõe que a mente humana se estrutura segundo um modelo causalista, determinista. Quando se lê Freud dá ideia que ele olhava para o modelo arqueológico dessa forma.

Isso acontece porque o corte que Freud faz com o modelo Platónico e Aristotélico é muito difícil de integrar na nossa maneira de pensar. A tentação da procura da causa e do uno, é algo que faz parte da nossa mente, nós fomos educados assim, pensamos assim, os analistas têm tendência para pensar assim. A maior resistência dos analistas à análise é a axiomática que resulta da crença no tempo cronológico.

INTERVENIENTE – Penso que está relacionado com a questão da segurança. O modelo da dispersão e da disjunção, coloca-nos no campo da angústia e da expectativa vazia de Bion, coloca-nos na realização negativa. É mais fácil, é menos angustiante, de certo modo, para um analista funcionar num modelo mais determinista ou causalista.

INTERVENIENTE – Será que a interpretação é, de facto, sempre disjuntiva. Estava a pensar que em determinados momentos a interpretação visa unir, quando, por exemplo, o paciente está muito desintegrado?

Penso que a interpretação é sempre disjuntiva em relação à fala do sujeito. O conceito de interpretação começa, como já vimos, com a "Interpretação dos Sonhos". Freud só fala de interpretação neste texto e depois deste texto. O conceito de interpretação foi construído a partir da "Interpretação dos Sonhos" e nesse sentido é construído a partir de uma dupla teoria: a teoria do conteúdo manifesto e do conteúdo latente. Toda a interpretação é disjuntiva em relação à fala do sujeito. O que o sujeito diz é sempre rompido pela fala do analista. A fala do analista não é concordante com a fala do analisando, há sempre uma outra coisa que é trazida à boca de cena e nesse sentido é radicalmente disjuntiva. A interpretação é desestruturadora do discurso. Pode ser estruturante de outras coisas, mas é desestruturante do discurso.

INTERVENIENTE – Mas a interpretação, ela própria, pode visar a conjunção e não a disjunção?

De acordo com o princípio da identidade aristotélico A é A, A não é B; mas para o analista A pode ser B, como pode ser C, etc. O discurso do analista é disjuntivo. A interpretação é disjuntiva em relação à lógica do discurso. A construção da lógica do discurso humano é conjuntiva, ou seja, utiliza uma lógica que assenta na razão e por isso assenta obrigatoriamente num modelo platónico ou aristotélico. Mas o que interessava verdadeiramente a Freud, não era o que o paciente estava a dizer mas aquilo que a pessoa disse quando não o queria dizer, isto é a teoria do *lapso lingue*, e é muito claro no texto "Psicopatologia da vida quotidiana" (1902). Este é o lugar onde verdadeiramente se percebe o que é que interessava a Freud.

Os analistas analisam os discursos dos pacientes, não analisam outra coisa, analisam o que é narrado e não o que aconteceu. Para mim é evidente que aquilo que é interessante é a análise do discurso, nós estamos sempre a produzir uma análise do discurso, não produzimos nunca uma análise dos acontecimentos.

INTERVENIENTE – O que Freud introduziu foi uma hermenêutica?

Acho que a interpretação subjectivada é mais hermenêutica, no sentido do arbitrário. Se pensarmos no campo de explicação da "deutung" vê-se que a procura do significado, mantém-lhe um hábito hermenêutico, mas diminui a subjectividade da interpretação. Se a interpretação é "deutung", ou seja, se for simultaneamente explicação e procura de significado, então não há arbitrariedade, há no máximo, aleatoriedade. A interpretação não é arbitrária ela é aleatória. Enquanto que se pensarmos na palavra "interpretação" de raiz latina e não germânica, ela é subjectivada, logo a interpretação é "não importa quê". Isto não é, obviamente, verdade, porque quando operamos no campo da narrativa do sujeito, operamos sobre um campo conceptual do discurso em que a escolha do significado e a estrutura que nos é proposta é um campo semântico que é próprio do sujeito e sobre o qual duas pessoas se vão interrogar. Analista e analisado interrogam esse campo específico do discurso, o campo semântico.

Retomando a questão da interpretação e da história que é "narratio raro gestare", ou seja, aquilo que nos relatam e não aquilo que sucedeu. Em Dante, quando Paulo e Francesca estão a ler a história de Lancelot e Guenevere, estão os dois a ler a história de um amor infeliz e subitamente beijam-se. A ilusão que é criada em quem lê a obra é que eles se beijam porque leram a história de Lancelot e Guenevere, mas do meu ponto de vista, é claramente outra coisa, é porque eles se querem beijar que lêem a história. Introduzi agora esta provocação de Dante porque toda a história que nos é contada tem um duplo percurso; na narração ela opera do passado para o presente, pelo significado pode passar do presente para o passado. Isto é importantíssimo, isto é o próprio da interpretação analítica. Retomemos a história de Paolo e Francesca. Paolo e Francesca estão a ler a história de Lancelot, e aí é criada a ilusão, para quem lê, de que eles estão tão embrenhados na história daqueles amores que subitamente descobrem o amor deles. A proposta de leitura tem um duplo sentido. Toda a história, para o analista, é um carril de duplo sentido. A história a partir do que nos é relatado vai no sentido do passado para o presente e para o futuro, mas a mesma história é simultaneamente uma história que através do campo da significação, que é gerado pela interpretação psicanalítica, vai do presente para o passado, o que digo hoje gera o passado, o que lhe dá outro sentido.

Esta ideia entra em ruptura com a ideia de que há uma axiologia das coisas, dos lutos, dos traumas, dos acontecimentos, etc. Na minha opinião a interpretação que se centra sobre a axiologia aumenta o campo de resistência ao que é uma análise, e neste sentido é uma interpretação não psicanalítica. Se pensarmos no conceito de *après cour* de Freud, este conceito diz-nos que o presente esclarece o passado, ou seja, o passado vai aparecer a uma nova luz quando se compreende um problema do presente e na medida em que aparece sob uma nova luz, passa a ser outra coisa.

Isto acontece porque o campo do sentido é o campo da representação. O paciente apresenta-nos uma narrativa e nós fazemos um trabalho de detective, mas no sentido da investigação de Sherlock Holmes que nada tem a ver com a mente científica e naturalista de Sir Conan Doyle. É um trabalho de detective no sentido em que o que ele descobre não estava lá. Não estava lá, mas passou a estar lá e é porque passou a lá estar que, a partir de um certo ponto, para ambos, analista e analisando, está lá. Nesta medida, analista e analisando comungam a mesma ilusão construída. Desta forma, o que se narrou passou a ser o que aconteceu. Isto acontece assim por uma razão simples – o campo do sentido é o campo da representação.

O campo que verdadeiramente interessa aos analistas é o campo do sentido que cria a representação. Os modelos económicos ilustram bastante bem esta questão, existem diferentes tipos de produtos que são oferecidos aos consumidores, uma casa é, por exemplo, um produto duradouro, um vestido é um produto semiduradouro e os alimentos são produtos não duradouros; da mesma forma, os pacientes trazem-nos acontecimentos duradouros e nós temos que os transformar em acontecimentos não duradouros e/ou transitórios. Esta transformação é elaborada quando os acontecimentos são despartilhados no campo do tempo. A interpretação tem uma incidência brutal na temporalidade, porque ela não obedece ao modelo cronológico. A interpretação age no sentido inverso, ela espatifa o modelo cronológico. Uma frase de Bion que tem sempre sobre mim um efeito surpreendente é a seguinte: "o tempo na psicanálise é presente". É uma frase muito interessante, mas sempre lhe coloquei algumas reticências porque só o tempo cronológico é que é presente. Aquilo que a interpretação faz é precisamente criar um passado e um futuro pelo esmagamento do presente, o tempo alonga-se do passado para o futuro. O tempo é alongado pela interpretação, o presente alonga-se no passado e alonga-se no futuro.

Na medida em que a interpretação alonga o tempo retira-lhe o sentido cronológico. A interpretação distende e expande o tempo.

Segundo Freud em "Repetir, rememorar e elaborar" a interpretação opera sobre a história do paciente, esta história é equivalente ao conceito de mito Bioniano. Os analistas interpretam tanto o pai e a mãe pela simples razão de que o pai e a mãe são os níveis sociais, simbólicos e hereditários que nos estruturam. Na minha opinião a mente conservadora e a tradição organizam-se precisamente à volta dos pais, a parte tradicionalista e conservadora da mente está organizada à volta desse mundo. O mundo em torno dos pais é fundador dos níveis sociais da organização do sujeito humano. Os psicanalistas, os antropólogos e os biólogos estão em completo acordo no que respeita a esta ideia, pelo que a parte conservadora da mente humana está ligada inevitavelmente a uma tradição no discurso que foi e é organizado, aí mesmo, pelo pai e pela mãe.

INTERVENIENTE – É um fenómeno que está relacionado, de certo modo, com a conservação do vivo. Eu habitualmente respondo às pessoas que fazem essa pergunta – porque é que os psicanalistas interpretam tanto o pai e a mãe? – dizendo-lhes que são os pacientes que passam todo o tempo a falar do pai e da mãe.

Isso acontece por uma razão muito simples, o paciente não pode senão falar disso, porque a parte conservadora, nuclear da mente da pessoa, a tradição da pessoa está aí. O que ele é tem a ver com os pais, ele está obrigatoriamente comprometido com isso. Uma outra coisa fundamental e que nós temos tendência a esquecer, relativamente à interpretação analítica é o desvelamento do oculto. Temos tendência a pensar que nos limitamos a transformar, romper, criar uma relação disjuntiva com o discurso do paciente, embora Freud nos tenha mostrado desde o princípio que uma das coisas mais interessantes é o oculto, é desvelar o oculto. Não é apenas abrir o conteúdo manifesto ou o conteúdo latente, mas desvelar o oculto, desvelar o que está escondido. O desvelamento do oculto é operado pela interpretação. A interpretação revela o que está oculto e aí mesmo faz emergir o verdadeiro valor da coisa, seja este relativo ao *super-eu* seja relativo ao *id*.

É necessário acrescentar algo mais para contextualizar a interpretação. Na contextualização da interpretação parece-me muito importante perceber o que é que os pacientes nos contam. Os pacientes contam-nos histórias, elaboram narrativas, contam-nos acontecimentos e a tendência da mente do paciente é organizá-los segundo o modelo do princípio da identidade: este é um modelo sequencial que terá necessariamente falhas, buracos, que são os "ocultos" de que Freud falava. Freud descobriu uma coisa importantíssima que foi o problema da repetição, ele percebeu a brutalidade do vínculo que se estabelece entre aquilo a que poderíamos chamar o nível social e o nível hereditário, de onde o sujeito nasce. É a tradição e a conservação que levam à repetição. É a tradição que se impõe, que se mantém.

Freud isola a repetição, a repetição no discurso do sujeito e a repetição nas suas relações pessoais, na sua vida. O isolamento da repetição é uma coisa fantástica porque levou ao desenvolvimento de um modelo epistemológico essencial, o do mecanismo da pulsão de morte. Em 1920, no texto "Para além do princípio do prazer" Freud desenvolveu a ideia de repetição, da compulsão à repetição: o sujeito é compelido a repetir e na palavra "compelere" de origem latina, já está contida a ideia de compelir, de automatismo. O sujeito é então ultrapassado pelo seu discurso ou pela sua acção. Há uma coisa dentro dele, que não é ele e é ele e que o leva à repetição. A pessoa é compelida, "compelere" quer dizer: compulsão à repetição. Este núcleo tradicional e conservador da mente – há que notar que estou a fugir deliberadamente à metáfora Bioniana: conjunção constante não transitória –, este núcleo é o que está destinado a repetir-se.

Freud no texto "Para além do princípio do prazer" mostra-nos que o tempo é atravessado por dois lados: é atravessado pelo mesmo e pelo idêntico. Pelo mesmo organiza-se a repetição e pelo idêntico organiza-se a mudança. A pulsão de morte é o mesmo, enquanto que a pulsão de vida é o idêntico. A repetição que é a vida é um idêntico, a vida não é o mesmo. Ninguém se pode lavar, nem sequer uma vez, na mesma água, no mesmo rio. A repetição que é o acto tradicional, que é o acto conservador da mente e que está implícito na apresentação da história do sujeito, na construção da sua narrativa segundo um modelo cronológico estruturado. Quando o sujeito diz: "os meus acontecimentos foram estes", mata no analista toda a sua capacidade de analisar. Se o analista, por sua vez, retoma este discurso agarrando-se aos factos, actualizando o discurso do paciente, chamo a isso o instinto epistemológico de morte do analista, o analista nestas circunstâncias não percebeu o que Freud já tinha percebido em 1900. Freud percebeu que o lugar para olhar para um acontecimento é o lugar do sonho, não é o lugar do facto.

O instinto epistemológico de morte é, no meu ponto de vista, um problema absolutamente central. É o instinto epistemológico de morte que leva o analista a prender-se a um grande número de resistências. O instinto epistemológico de morte revela-se, por exemplo, na resistência que o analista tem em romper a discursividade do paciente, em operar uma disjunção no seu discurso.

A interpretação deve ser o único lugar na comunicação humana onde não pode haver vencedores, nem vencidos. E, na medida em que não há vencidos, também não poderá haver convencidos, a interpretação nunca pode ser da área da dominação. A interpretação não é dominação, a interpretação é apenas participação. A interpretação é a criação de um outro lugar onde dois humanos se vão interessar numa outra maneira de ver. A interpretação é o lugar da geração de um outro senso comum. O senso comum da relação analítica é o que é gerado pelo campo da interpretação.

A interpretação rompe o senso comum, no sentido habitual do termo, mas há um outro senso comum da análise que é o gerado pela interpretação.

Muitas vezes a análise falha quando não se criou um senso comum psicanalítico, ou seja, quando o campo gerado pela interpretação não se torna do senso comum. O senso comum psicanalítico é um outro senso comum e paradoxalmente é um senso comum que rompe com o senso comum. Em análise duas pessoas estão juntas um determinado número de vezes por semana e elas estão organizadas segundo um senso comum que é o senso comum daqueles dois. A especificidade deste senso comum está no facto dele ter sido gerado e organizado pela interpretação. A interpretação gerou um campo epistemológico neutro e desta forma criou uma outra dimensão. Gostaria de enfatizar este ponto, porque sem isto que estou a mostrar não existe nada que possa ser chamado de psicanálise. Não há a existência de uma coisa chamada psicanálise sem a criação do campo da interpretação. Não há realidade psicanalítica sem interpretação.

A interpretação é a realidade psicanalítica e é simultaneamente aquilo que gera a própria realidade psicanalítica, aquilo que gera o senso comum psicanalítico. A interpretação gera a possibilidade de duas pessoas continuarem envolvidas num trabalho. O trabalho psicanalítico só é possível porque dois humanos decidiram tacitamente envolver-se nesta dupla dimensão: que é (1) a criação da área do senso comum e (2) a criação do campo do sentido. O analista muitas vezes não percebe que ao criar um campo de prevenção contra a interpretação, ao evitar a interpretação e ao preocupar-se mais em estar com o paciente está de facto a criar uma resistência. Claro que é importantíssimo estar com o paciente e a maneira como estamos com o paciente é fundamental para o desenrolar da análise, mas só se gera um sentido psicanalítico com a interpretação. É a interpretação que dá uma outra dimensão e um outro lugar ao encontro entre aqueles dois humanos. A interpretação funda a ligação entre esses dois sujeitos e, nesta medida, a psicanálise é de uma ordem vincular; já não se faz no lugar onde a resistência é o conhecimento do facto, mas no lugar onde a axiomática do analista e do analisando já não é um acontecimento, no lugar onde o campo do sentido é o acontecimento. O que as duas pessoas em análise procuram é a instalação disto; o gerar com a interpretação de um campo do sentido que é o acontecimento. É a interpretação que gera o campo de dar sentido, ou seja, o analista sem interpretação não gera o campo de sentido e, é apenas, no momento em que se instala o campo do sentido que se instala o processo analítico.

As interpretações dadas, desde o princípio de uma análise, organizam a instalação do processo analítico. Quando dizemos que o paciente se instalou no processo analítico, estamos a dizer que subjacente ao encontro dos dois, já está instalada uma coisa que é, haver um campo de sentido que se gerou entre os dois. Instalou-se o processo analítico, porque se instalou o campo do sentido e esse é o momento em que verdadeiramente se inicia uma análise.

INTERVENIENTE – Há um sentido que entra e um sentido entre.

Exactamente. Pode dizer-se que a interpretação tem três campos: (1) o campo do analisando, (2) o campo do analista e (3) o campo que fica entre os dois, o campo da relação. O campo da relação faz-se por duas vias, pela via da transmissão e pela via da transferência.

Neste momento aquilo que me parece essencial é compreendermos que a instalação do analista e do analisando na análise é algo que se percebe muito claramente contra-transferencialmente e que está intrinsecamente relacionado com a criação de um campo do sentido, com o gerar de um senso comum psicanalítico. O tempo que um paciente demora a instalar-se na análise co-varia com um conjunto de factores, estes factores gravitam em volta do campo de sentido e são do tipo: "o estar do analista", "o estar do analisando", "o número de sessões", "a técnica do analista", "a contra-transferência apriorística do analista", ou seja, os modelos teóricos dominantes que o analista utiliza.

Todo este conjunto de factores é gravitacional em relação à organização do campo do sentido. A organização do campo do sentido não está apenas relacionada, por exemplo, com o número de sessões que o paciente tem. Penso que há pacientes que podem ir à análise com uma frequência de cinco vezes por semana e nós sentirmos que a instalação do campo de sentido não se faz pela *"via di levare"*, que o paciente se quer instalar na análise pela *"via di porre"*.

INTERVENIENTE – Para nós analistas é evidente aquilo que a análise é e o que é esperado do processo analítico, mas para o paciente não.

INTERVENIENTE – O paciente vem para a análise com um modelo e nós também temos os nossos modelos.

Esse é um outro problema. Esse é o problema da contra-transferência apriorística que todos os analistas têm. A contra-transferência apriorística é o *modus faciende,* que funciona para nós como uma pedra de roseta. Com o paciente é diferente, muitas vezes temos de trabalhar muitos anos até conseguirmos que o paciente perceba o que é uma análise.

INTERVENIENTE – Penso que não é tanto uma questão do paciente perceber o que é uma análise, parece-me que está mais ligado com o facto de ele ser capaz de se colocar na área do funcionamento mental que lhe cria desconforto, incerteza, insegurança, dúvida, sofrimento, porque se trata de um campo dispersivo. Essa capacidade é uma aquisição que ele só pode atingir quando muitas outras também já se realizaram na mente dele, nessa altura o paciente começa a mudar a capacidade de analisar, mas é uma aquisição que muitas vezes demora muitos anos.

Penso que o instinto epistemológico de morte para o analista é pensar psicopatologicamente a psicanálise. O campo da análise não é o campo psicopatológico mas o campo associativo. Se o campo da análise fosse o campo da psicopatologia teríamos que pensar que os pacientes analisáveis seriam apenas os pacientes neuróticos, o que não faz sentido, muitos pacientes ditos borderline e psicóticos têm acessibilidade à análise. Subjacente a este meu discurso há um corte epistemológico radical com a prática psiquiátrica e psicopatológica clássica. Todos nós independentemente de sermos psicólogos ou médicos temos uma subjacência discursiva que é a psicopatologia. É fundamental perceber-se que se é verdade que o campo do sentido gera a analisabilidade a qual por sua vez gera o campo do sentido, entramos numa ruptura radical com o discurso psicopatológico. Se os nossos modelos teóricos se fazem pelo discurso psicopatológico estrangulam a nossa capacidade de praticar a psicanálise; não quer dizer que não haja psicóticos ou deprimidos e também não quer dizer que a meta-referência da forma, nas diferenças da forma histérica, depressiva, psicótica não esteja lá, mas a relação à forma, é a relação do sentido e essa sim é própria da análise, é isto que deve interrogar o analista.

INTERVENIENTE – Penso que provavelmente não é tanto a questão da psicopatologia, é a forma como nós olhamos para ela, a abordagem que fazemos da psicopatologia.

Exactamente, mas então nessa altura a psicopatologia é um tempo secundário do analista e não um tempo primário. O tempo primário é o tempo do sentido. Por exemplo, no que respeita à anamnese, a interpretação não é anamnésica, é anti-anamnésica. A história do sujeito é os factos que ele relata. A história psicanalítica do sujeito é outra coisa e essa outra coisa é gerada pela interpretação, é esse outro senso comum, o senso comum psicanalítico que foi gerado no par pela interpretação.

Com a interpretação, Freud abriu uma passagem entre o conteúdo manifesto e o conteúdo latente, esta passagem organiza-se à volta da comunicação que se torna, digamos assim, o *modus faciende* do psicanalista. O problema central é aquilo que anteriormente chamei o enlace falso, para Freud foi-se tornando cada vez mais claro que o enlace falso entre o que ele chamava a pulsão e a representação deu lugar, estou a ser totalmente Freudiano neste discurso, deu lugar à formação substitutiva que ocupava no campo do sujeito, sob a forma do sintoma, aquilo que resultava desse enlace falso. Era o enlace falso entre a pulsão e a representação que organizava, criava na mente do sujeito a formação substitutiva; a ideia de formação substitutiva tem, ela mesma, como subjacência uma outra que é a de que o sintoma se substitui a algo. Para Freud era a esse algo a que o sintoma se substitui a que se devia dirigir o campo interpretativo e este por sua vez é gerado a partir da relação entre o conteúdo manifesto e o conteúdo latente. Associado a isto temos, ainda, o problema da realidade última e obrigatoriamente as questões relativas ao conceito de verdade. Temos, evidentemente, este campo epistemológico que supõe o conceito de verdade, mas o conceito de verdade em Freud é um conceito que não é evidente.

Freud ao longo da sua obra usa sempre o conceito de verdade na área do senso comum. O único lugar onde ele fala da verdade é no texto "As novas conferências introdutórias" (1932). Neste texto, ele questiona-se sobre se a psicanálise gera uma visão do mundo e conclui radicalmente que não. Para Freud a psicanálise não gera uma visão do mundo. Para ele, a psicanálise é ou faz parte de um campo que é o campo das ciências e essas sim, geram uma outra visão do mundo. O critério de verdade para Freud é o critério das ciências, ele diz que o critério é o que resulta da congruência dos factos observáveis na realidade externa, no caso concreto da psicanálise trata-se da realidade interna e as teorias permitem observá-la e descrevê-la. Portanto, o critério de verdade para Freud é o critério da epistemologia realista. Já algumas vezes tenho dito que uma das invariantes fundamentais do pensamento de Freud é a epistemologia realista. Freud não tem um critério de verdade no sentido da psicanálise destinar-se à procura da verdade, assim como também não tem uma teoria da interpretação evidente.

Em Freud, o único texto que trabalha o conceito de verdade é este texto desenvolvido em 1932[3], onde ele comenta criticamente o facto dos intelectuais e dos cientistas niilistas se aproveitarem de alguns conceitos que emergiram na altura, como por exemplo, a teoria da relatividade de Einstein, para dizerem que tudo pode ser igual a tudo.

Para Freud a verdade é congruência. Freud obedece a um modelo que emergiu com Platão, nesse modelo a verdade é pensada como congruência e como correspondência. A verdade como correspondência é um conceito filosófico clássico. A verdade como revelação não está ainda presente em Freud, é algo que Bion tenta

---

[3] Novas Conferências Introdutórias (1932)

expressar com a ideia de transformação em "O". É inútil procurar em Freud uma ideia de verdade última ou de realidade última, ela está subjacente ao discurso Freudiano, mas não é imanente no discurso Freudiano. Contudo, quando pensamos que Freud nos diz que há um enlace falso que tem de ser desfeito, percebemos que toda a teoria do conteúdo latente e do conteúdo manifesto tem subjacente uma noção de verdade.

É com o sonho "A injecção a Irma"[4] que começa toda a interpretação psicanalítica. Na interpretação deste sonho, Freud disse uma coisa que aparentemente é muito simples, disse: "vamos associar o mais possível sobre isto"; definiu assim a técnica analítica – *free floating association*. É através deste "maior número de associações" que se poderá mostrar o escondido de um sonho, ou seja, é a relação com a ocultação e com o desvelamento. A prática do analista é uma prática do desvelamento. Mas desvelamento de quê? Desvelamento, diz Freud, de um desejo. Tenho reflectido bastante sobre este sonho e só encontrei lá um desejo, apenas um, o desejo de mostrar que ele, Freud, era o herói da fita e que os maus eram os outros.

Tendo em consideração apenas o que Freud diz sobre o sonho e não todas as outras coisas que se sabe sobre o sonho, ele diz que há a realização de um desejo, mas de facto não se vê lá, realização de desejo algum, a não ser o desejo de que a falha narcísica dele esteja limpa. O que este sonho revela é uma outra coisa, o que está lá é uma outra coisa que o sonho continha noutro lugar. O conteúdo manifesto do sonho era um *enlace falso*, ou seja, o sonho no conteúdo manifesto junta uma forma falsa, ou seja, enuncia falsamente coisas. O discurso do analista, porque desvela, destina-se a abrir o discurso a um outro lugar que, por sua vez, remete para o lugar onde a coisa verdadeiramente se passava. Ao estudarmos o sonho "A injecção a Irma" apercebemo-nos de que Freud era de uma honestidade fantástica, qualquer analista que leia esse sonho per-

---

[4] In "A Interpretação dos Sonhos. Capítulo II – O Método de Interpretação dos Sonhos: Análise de um Sonho Modelo."

cebe o elevadíssimo número de coisas que se passam nas associações dele e na condensação que ele faz na sua proposta de leitura do sonho. Claramente percebemos que o que conta não é a factualidade no que Freud nos conta, mas a ficcionalidade. Encontramos neste sonho o Freud-analisando e o Freud-analista, para utilizar a metáfora de Didier Anzieu [5], parece-me que a interpretação gerada por Freud para o sonho é fantasticamente securizante do seu narcisismo ameaçado e, por isso mesmo, importante para o Freud-analista, para o Freud que estava titubeando numa coisa chamada psicanálise, titubeando as portas de uma coisa chamada decifração do psiquismo e titubeando uma prática. A interpretação que o analista-Freud dá a Freud é a seguinte: "não te preocupes sobre aquilo que os médicos deste mundo poderão dizer de ti, porque tu não és assim.", este é o desejo realizado. Penso inclusivamente que nesta altura Freud descobriu a terapêutica, a fundamentação terapêutica do sonho, que é encontrar uma interpretação com a qual se possa coabitar.

Eu penso que toda a análise e todo o trabalho do analista se destina a fazer girar a interpretação de um mito. O mito que o paciente nos traz é um mito de uma insuportabilidade enorme e a análise transforma-o, dando-lhe uma outra versão. O paciente dá-nos o seu sintoma e leva outra coisa no lugar do sintoma, mas que é ainda um sintoma porque faz parte de um universo substituível.

INTERVENIENTE – Parece-me que o nosso trabalho é substituição, mas substituição com transformação e não apenas substituição, porque quando há apenas substituição não há um luto da perda.

No final de uma análise, liquidada a ilusão transferencial, ficam duas pessoas e, nessa altura, percebemos que todo o sintoma é apenas uma forma de lidar com problemas que são inenarráveis. A janela que se abre sobre o fim de uma análise é apenas o sintoma que nos permite lidar melhor com uma angústia, que é a angústia

---

[5] Didier Anzieu. A Auto-Análise de Freud e a Descoberta da Psicanálise. 1959

de morte. Não tenho dúvida nenhuma sobre isto. No fim de uma análise ganhámos uma forma, um sintoma, que nos permite lidar melhor com a angústia de morte.

INTERVENIENTE – Lidar quer dizer pensar?

Lidar é pensar. Eu acho que a janela que o analista abre no fim de uma análise é o mito organizado de uma tal forma que torna mais suportável abrir uma outra janela que vem a seguir que é a janela sobre o nada. Nós, os analistas, abrimos uma janela para uma história pessoal que viabiliza melhor o abrir da janela sobre o nada. Damos à mente humana um sintoma que lida melhor com esta janela que se abre sobre o nada. É um sintoma porque é a produção de algo a que corresponde uma angústia.

Todo o analista tem de resolver o problema da omnipotência da cura. Bion ensinou-me a expandir a mente e a procura permanente da reciclagem do sentido, mas isso só é possível se o analista souber o que há de incontornável, inultrapassável, radicalmente incurável.

INTERVENIENTE – Então o sintoma é a nossa imortalidade.

Pode ser assim, porque é assim quando percebemos o rompimento que isto implica como área do discurso que se faz na denegação. Enquanto psicanalistas temos de perceber que o estatuto da angústia que Freud nos traz na segunda tópica já não está apenas ligado ao problema da sexualidade, mas está também ligado ao problema da fragilidade narcísica da espécie. Aquilo que eu estou a dizer é que a verdade é incognoscível, ou seja, pode ser procurada mas não pode ser conhecida; dizia Bion a verdade só pode ser "sida", mas a procura dessa verdade é-nos absolutamente necessária apesar do seu encontro ser impossível. Dado que o encontro/conhecimento da verdade é impossível então o que nos é possível de encontrar é uma coabitação tolerável na mente da pessoa. Esta coabitação é criada não de uma forma arbitrária, mas aleatória, isto é, a partir do campo de significantes que nos é proposto pelo paciente e da estrutura narrativa que ele nos traz é-lhe proposto por nós uma coabitação com esta situação a um nível que é o nível do sintoma. É ao nível do sintoma porque é uma forma da pessoa se defender da angústia. No Freud de "Inibição, Sintoma e Angústia" (1926) percebe-se que o que o Homem faz perante a angústia é criar situações para a fazer desaparecer, o sintoma é uma forma de criar o desaparecimento da angústia. Se eu tiver uma fobia a cavalos, basta-me deixar de ver cavalos para não ter angústia; se eu for obsessivo e tiver um ritual obsessivo, não tenho angústia, e por aí fora. O sintoma é uma forma de lidar com a angústia e, na minha opinião, a versão final de uma pessoa que termina a análise é também um sintoma para lidar com a angústia de morte, mas elaborado a um nível que torna mais tolerável para o pensamento coabitar com essa angústia, na medida em que o sintoma fica menos fechado.

Bion identifica dois tipos de conjunções, as conjunções constantes não transitórias e as conjunções constantes transitórias. Quando Freud fala do conceito de estrutura fala-nos de algo próximo do conceito de conjunção constante, mas epistemologicamente o conceito de conjunção constante é de nível superior ao de estrutura; mas foi o conceito de estrutura que permitiu aceder ao de conjunção constante. O conceito de conjunção constante refere-se a um conjunto de elementos constantemente conjugados na mente e que fazem parte do irredutível numa análise. O problema não é a existência do irredutível mas a relação ao irredutível. A transformação que se opera em análise não é a transformação da conjunção constante, mas a transformação de uma conjunção constante não transitória em transitória. Anteriormente referi-me aos modelos da economia para ilustrar esta questão, disse-vos que temos produtos económicos duradouros, como por exemplo uma casa; produtos semiduradouros: um vestido e não duradouros como os alimentos. A questão verdadeiramente pertinente para os analistas é a de saber se podemos dar aos elementos duradouros como os núcleos tradicionais e conservadores a mesma plasticidade que têm os elementos não duradouros e ao mesmo tempo eles manterem-se duradouros.

Freud percebeu com o jogo da bobine[6] que a relação com a mãe tem de ser radicalmente perdida para poder ser introduzida no mundo da comunicação. A relação é perdida num mundo de objectos substituíveis e é o campo da linguagem que se instala enquanto substituto.

A interpretação é então conhecimento e simultaneamente procura de significado. Para um analista gerar uma interpretação psicanalítica tem de ser capaz de perceber a mudança do conceito de história, tem de ser capaz de perceber que a história é um carril com duas vias, em dois tempos, isto é, um carril que se pode percorrer ora num, ora noutro sentido, implica portanto uma mudança no conceito de temporalidade. Não se trata de criar um outro passado quando se dá significado ao passado. Nesta outra temporalidade o tempo é alongado pela interpretação, o presente dilui-se porque é tudo e não é nada. O presente é a totalidade onde o tempo é alongado sobre o passado e sobre o futuro. A interpretação destina-se a desfactualizar a facticidade e, portanto, a interpretação destina-se a retirar os objectos da sua cronologia. Neste sentido, a axiomática da cronologia é a resistência na mente do analista à compreensão do que é o fenómeno psíquico. A manutenção do ponto de vista nesta resistência cria obrigatoriamente um instinto epistemológico de morte que impede a verdadeira interpretação psicológica. A interpretação destina-se a desfazer o enlace falso. E, finalmente, a interpretação destina-se a criar um

---

[6] "Certo dia, fiz uma observação que confirmou meu ponto de vista. O menino tinha um carretel de madeira com um pedaço de cordão amarrado em volta dele. Nunca lhe ocorrera puxá-lo pelo chão atrás de si, por exemplo, e brincar com o carretel como se fosse um carro. O que ele fazia era segurar o carretel pelo cordão e com muita perícia arremessá-lo por sobre a borda de sua caminha encortinada, de maneira que aquele desaparecia por entre as cortinas, ao mesmo tempo que o menino proferia seu expressivo 'o-o-ó'. Puxava então o carretel para fora da cama novamente, por meio do cordão, e saudava o seu reaparecimento com um alegre 'da' ('ali'). Essa, então, era a brincadeira completa: desaparecimento e retorno. Via de regra, assistia-se apenas a seu primeiro ato, que era incansavelmente repetido como um jogo em si mesmo, embora não haja dúvida de que o prazer maior se ligava ao segundo ato." In Além do Princípio do Prazer. (1920)

processo a partir do qual o sujeito humano que sai de uma análise, leva consigo aquilo a que chamei o sintoma e que agora chamarei o sintoma originário, leva então consigo no fim de uma análise, um sintoma que lhe permite lidar com a angústia radical da espécie que é a angústia de morte.

*
* *

O modelo apresentado (ver figura 1) pretende esquematizar a Interpretação como transformação. No topo da figura encontra-se a transformação, do lado esquerdo temos a abstracção de Bion, Continente-Conteúdo (♀ ♂). As linhas que dividem o espaço do analisando, do espaço da relação analítica e esta do espaço do analista são deliberadamente a tracejado para dar conta da inter-relação entre as áreas. O acontecimento histórico-narrativo faz parte do campo do analisando, a transferência e a transmissão fazem parte do campo da relação analítica. No espaço do analista encontra-se o campo hipotético da construção que se faz pela identificação projectiva e pela rêverie. As setas mostram a interacção e o sentido dessa interacção. Os acontecimentos histórico-narrativos estão ligados à significação e à transferência. O que viabiliza a transferência são os acontecimentos histórico-narrativos e o que viabiliza a passagem para a significação é a transmissão. As áreas interagem umas com as outras.

É o acontecimento histórico-narrativo que viabiliza o campo da transferência e é a transmissão que viabiliza o campo da significação; mas a significação também se faz pela transmissão e pela transferência.

O espaço hipotético da construção gera-se pela identificação projectiva e pela rêverie. Estes espaços são intermutáveis no espaço da relação. No espaço da relação há intermutabilidade e interacção entre continente e conteúdo. Nesta conceptualização da interpretação é basilar a ideia da interpretação como transformação. Nesta proposta existem vários espaços intermutáveis e essa intermutabilidade significa que aquilo que posso interpretar pode derivar de

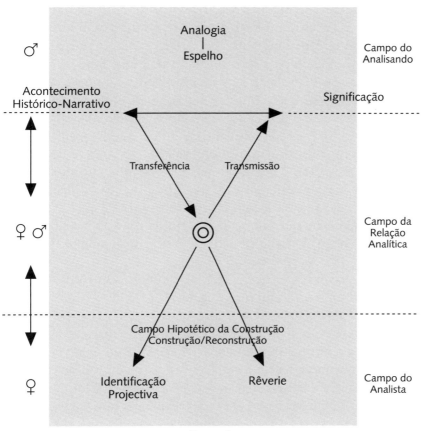

FIGURA 1
Adaptado e modificado a partir de Kusnetzoff (1980)

três campos; posso interpretar o que se passa no analisando, posso interpretar o que se passa no analista e posso interpretar o que se passa na relação. Isto é um modelo epistemológico revolucionário porque rompe com os limites da contra-transferência.

No conceito clássico de contra-transferência aquilo que eu, enquanto analista, sinto na contra-transferência torna-se mente moralizante. Freud propôs que a interpretação fosse buscar toda a sua fonte ao material clínico trazido a partir da observação dos factos e esta ideia levou-o ao desenvolvimento da noção de contra-transferência clássica. Nesta proposta, a fonte da interpretação encontra-se em qualquer um destes três campos, no campo do analisando, no campo da relação analítica e no campo do analista. A interpretação vai beber a qualquer um destes campos e em todos eles pelo que a contra-transferência passa a ter um novo sentido, a contra-transferência passa a ser algo como "aquilo que eu observo dentro de mim na relação analítica, desde que formalizado, faz parte da mente do analisando". O sentido faz parte do campo interpretativo. Esta ideia é espantosa porque expande enormemente a noção de contra-transferência. É fácil compreender a ideia de que se pode utilizar a nossa mente como observação de qualquer coisa, mas compreender que o que se passa na nossa própria mente é a mente do outro, é extraordinário e abre enormemente o campo do sentido e da interpretação.

Tem de haver um espaço potencial na mente do analista – espaço potencial num sentido muito próximo daquele que Winnicott lhe atribuiu. A este espaço potencial na mente do analista chamo Campo Hipotético da Construção, neste campo está subjacente aquilo a que chamo a contra-transferência apriorística do analista sobre a análise. O Campo Hipotético da Construção é constituído primeiro pela análise do analista, segundo pelos modelos e teorias que o analista tem e que servem para compreender o que é a psicanálise e em terceiro pela própria ideologia do que é uma psicanálise. Estas três coisas definem o Campo Hipotético da Construção e ele é hipotético no sentido em que gera as hipóteses que vão surgir durante todo o trabalho analítico e é, vamos dizer assim, uma contra-transferência *a priori*, porque sem essa contra-transferência do analista não há análise. Essa contra-transferência *a priori* implica uma ideologia, implica uma versão transportada do próprio analista. Eu desafio qualquer pessoa a dizer que nunca encontrou o seu analista nas suas interpretações, no que ele diria e no que ele não diria. Esta categoria do *a priori* não é de forma alguma inocente, isto é claro no trabalho de Kant a "Crítica da Razão Pura".

O campo hipotético da construção é uma das subjacências que permite o campo analítico. Quais são então as vias sob as quais este campo hipotético da construção se espraia para criar uma relação analítica e criar um campo da interpretação? A Identificação Projectiva e a Rêverie são as formas de que o analista se serve para criar um campo gerador da interpretação; pela Identificação Projectiva o analista desvela o material oculto e pela Rêverie revela o material oculto. Uma desvela e a outra revela, em todo o caso há sempre uma ocultação, na identificação projectiva essa ocultação está presente na comunicação e no discurso verbal do analisando, e na rêverie ela está presente no discurso verbal do analista. O discurso do analista revela aquilo que a rêverie pôs a nu.

A interpretação pela identificação projectiva é a interpretação pelo desvelamento e a interpretação pela rêverie é a interpretação pela revelação. Há então um duplo movimento epistemológico na interpretação analítica; por um lado é a verdade como congruência e por outro a verdade como revelação. A procura da verdade como congruência na identificação projectiva e a procura da verdade como revelação pela rêverie. Este modelo tem subjacente o desenvolvimento da teoria de Bion sobre a actividade de pensar. Estou convicto que todo o ser humano pensa em dois lados, dentro de si próprio e dentro dos outros; pensamos dentro de nós ao nível em que somos capazes de nos pensar a nós próprios usando a nossa capacidade de pensar, o nosso aparelho de pensar os pensamentos, a nossa função simbólica e a nossa capacidade de usar a linguagem e tudo aquilo que se nos escapa ao nível da organização do campo da significação esperamos que seja o outro a fazê-lo, a pensá-lo por nós, a fazer exactamente aquilo que o modelo metafórico materno mostra.

A teórica Kleiniana depara-se com uma dificuldade epistemológica fundamental subjacente à ideia de haver um espaço psíquico originário. Há obviamente uma fraqueza epistemológica no pressuposto de que existe um espaço mental à partida capaz de comentar, pensar, etc. O modelo de Freud tem também uma fraqueza epistemológica que se prende com a ideia de haver uma anobjectalidade no princípio da vida. Esta ideia não é actualmente sustentada por nenhuma evidência científica nem empírica. No modelo Bioniano aquilo que é originário é a incapacidade do bebé para pensar as suas experiências emocionais. O que Bion diz, de forma resumida, é mais ou menos o seguinte: as experiências emocionais primitivas, psicofisiológicas e todas as outras experiências que o bebé não é capaz de experienciar são proto-pensamentos, ou seja, pensamentos muito primitivos para os quais o bebé humano não dispõe de recursos para poder pensá-los, pelo que quem os pensa por ele é a mãe. É pela identificação à função continente materna que o bebé se torna progressivamente capaz de criar o lugar onde o aparelho de pensar os pensamentos se começa a fazer. Quando o bebé é capaz da lalação ele evidencia uma identificação rudimentar à função continente materna. Bion torna claro que o uso da linguagem é o lugar onde o aparelho de pensar os pensamentos se começa a fazer. Lacan foi também bastante sensível à questão da linguagem, para ele a linguagem é o sintoma no lugar de uma separação sujeito--objecto e desta forma introduz o sujeito num mundo de objectos substituíveis. Lacan e Bion partilham esta ideia, um, segundo a metáfora do continente e o outro segundo a metáfora paterna. Apesar disto ser comum a ambos num primeiro tempo, torna-se muito diferente num segundo tempo.

Para mim nunca existe só uma forma de pensar. Por muito que tenhamos adquirido a nossa capacidade de pensar, nós continuamos a pensar dentro de nós e dentro dos outros e penso que isto é uma actividade permanente do nosso pensamento, ou seja, pensamos dentro de nós na medida em que somos capazes de nos pensar a nós próprios, usando a nossa capacidade de pensar, o nosso aparelho de pensar o pensamento, a nossa função simbólica e a nossa capacidade de usar a linguagem ao nível dos códigos.

Com tudo aquilo que nos escapa ao nível da organização do campo da significação esperamos que o outro faça exactamente aquilo que no modelo metafórico materno se explicita. O modelo metafórico materno não é aquilo que aconteceu mas a narrativa do que aconteceu e, nesse sentido, trata-se daquilo que não pode ser pensado dentro de um sujeito sozinho e que o outro pensou, este processo passa-se ao longo de toda a vida, por muito que tenhamos adquirido a nossa capacidade de pensar e de utilizar os nossos próprios pensamentos estamos permanentemente a pensar em dois níveis: dentro de nós com a nossa capacidade de pensar e fora de nós, onde pensamos as partes que não temos condições para pensar sozinhos. É a parte de nós que não tem condição de suportar o sofrimento emocional ligado à continuação do percurso de pensar, que se faz "pensar" dentro do outro. O que o outro pensa de nós somos nós, pelo que o modelo epistemológico emergente é: *tudo o que se observa torna-se mente*, tudo o que se observa em análise é a mente do analisando.

Proponho um campo global onde tudo é sujeito a interpretação, tudo é sujeito no campo do sentido, o destinatário final do sentido é a pessoa que está em análise connosco, é o analisando; mas esse mesmo sentido também suporta o analista no seu crescimento como analista, ou seja, no campo simbólico gerado quando dois se juntam para criar um terceiro para benefício dos três. Este é o campo da transformação. Já não é apenas o observado que se torna fonte de conhecimento, o observatório também é, ele mesmo, fonte de conhecimento. A relação observatório-observado, vista nesta perspectiva, passa a ser uma relação global em que o próprio observatório é fonte de conhecimento. Perguntamo-nos: porque é que subitamente perdi a capacidade de pensar?; porque é que agora não sou capaz de dar uma explicação?; porque é que estou a ter sono?; porque é que estou a ficar irritado?, etc., em todas estas interrogações o observatório é o campo de observação da mente do analisando. Só é possível compreender que isto é mente do analisando quando percebemos que o pensamento é como a história, sendo que a história é um duplo carril que anda para a frente e para trás, o pensamento também é, neste sentido, um duplo carril.

O analista tem duas atitudes base, segundo Bion, paciência e segurança. Paciência para tolerar toda a dispersão, toda a ignorância, toda a perplexidade, toda a inquietação que resulta de ouvir; o analista tem de ter a capacidade de estar aberto à sua própria ignorância e em contrapartida tem que ter a segurança de que vai descobrir o que verdadeiramente interessa. Não pode haver paciência sem segurança, nem segurança sem paciência. Esta é a dieta do analista, o analista é um atleta de maratona e não um atleta de 100 metros. Uma análise é algo que decorre durante anos e o analista tem de estar preparado para isso. A dieta do analista é alimentar-se de uma permanente investigação, de um permanente voltar a pensar, quer sozinho, quer com o paciente, quer com os livros ou com os colegas como estamos a fazer hoje aqui. Desta forma, com esta dieta, somos capazes de recriar o estado energético e ficamos capazes de continuar. Precisamos de uma dieta para manter viva a capacidade de observar o observatório, para observar o campo entre o observável e o observatório.

A esmagadora maioria do que se diz numa análise é do campo da palavra, o paciente fala e nós dizemos qualquer coisa em função do que ele diz que remete para um outro lugar, Lacan diria para outra cena. Porém há pacientes que não revelam e portanto nós também não podemos desvelar; então, temos que revelar algo que está, só aparentemente, para lá das palavras. Mesmo quando pensamos que estamos a dizer coisas para além das palavras estamos a utilizar palavras. O que tenho vindo a explicar diz respeito ao espaço do analista.

Reservei apenas duas coisas para o espaço da relação analítica, reservei a transferência e a transmissão. A transferência e a transmissão são os campos que interagem com o acontecimento e com a significação. É pelo campo da transferência e da transmissão que o analista pode remodelar o acontecimento. A transmissão processa-se a um duplo nível; é a transmissão senso-stricto e a transmissão senso-transferencial, eu penso, tal como Freud pensou, que a transferência é resistência.

A relação entre a analogia e o espelho é proposta como um modelo paradigmático da interpretação. O espelho para a rêverie e a analogia para a identificação projectiva. Aqui o espelho significa a função "espelhante", isto é, aquilo que o outro lá pôs, mas não teve palavras para o dizer, ficou como imagem e essa imagem é devolvida pelo analista através da palavra. A rêverie espelha imageticamente algo e nós construímos/damos uma palavra para o dizer. As setas no esquema dão conta das relações dinâmicas, a relação dinâmica entre acontecimento e significação que, por sua vez, se estrutura na relação tríptica transferência e transmissão que estrutura uma relação também ela tríptica, campo hipotético da construção, identificação projectiva e rêverie.

O esquema apresentado é a proposta de uma teoria das transformações que parte evidentemente dos desenvolvimentos elaborados por Bion sobre as transformações em psicanálise. O esquema representa o campo da interpretação psicanalítica. O conteúdo da interpretação psicanalítica é outra coisa. É também fundamental definir o tempo da interpretação. A interpretação é o lugar onde o objecto da interpretação, o acontecimento histórico-narrativo vai recriar uma outra significação, onde vai ser desvelado na sua natureza.

Há então diferentes aspectos relativos à interpretação que ocorrem na seguinte ordem:

1 – O objecto da interpretação (pertence ao analisando);
2 – O tempo da interpretação (pertence ao espaço da relação analítica);
3 – A formalização da interpretação (pertence ao analista);
4 – A génese da interpretação (pertence ao analista);
5 – A tolerância à interpretação (pertence ao analisando);
6 – A verificação da interpretação (pertence ao analista).

Esta última, a verificação da interpretação, pertence ao analista porque só o analista pode verificar se a interpretação é ou não correcta. Mais tarde iremos falar dos critérios de verificação de uma interpretação segundo a óptica Freudiana, Kleiniana e Bioniana.

O primeiro objecto da interpretação é, evidentemente, a estrutura narrativa do paciente, os acontecimentos do paciente, mesmo quando nós concebemos, como Bion concebeu, que o analista está tripartido em três áreas de escuta que segundo Bion são o mito, a paixão e o senso comum. A paixão é a relação continente--conteúdo, ou seja, a relação interactiva entre analista e analisando mediada pelo conceito mais clássico de transferência. Aos efeitos verificados na relação analítica e no analista, Bion chama área de paixão. A interpretação deve ser operacionalizada tendo em consideração estas três áreas. O senso comum aqui não é o senso comum construído na análise a que me referi anteriormente, é o senso comum do dia-a-dia. Observa-se como a interpretação muda a relação do sujeito com o seu senso comum. Muitas vezes o senso comum está perturbado, aliás está quase sempre perturbado nas pessoas que procuram a análise, em maior ou menor quantidade.

O pano de fundo sobre o qual se constrói toda a interpretação é da área do acontecimento histórico-narrativo. Sem este acontecimento não há possibilidade alguma de gerar uma interpretação que contextualize aquilo que é dito na transferência.

Bion levanta uma questão importantíssima quando propõe a relação tripla entre os vínculos de amor, ódio e conhecimento, a triangulação entre L, H e K é uma triangulação essencial ao conhecimento psicanalítico. Este modelo ternário de Bion é uma expansão do modelo binário de Klein que centrou a sua obra em torno do Amor e do Ódio.

Melanie Klein fez uma revolução genial e fantástica quando introduziu no modelo psicanalítico os aspectos emocionais da mente que são absolutamente essenciais à compreensão do que é o trabalho do analista, mas Klein tende a criar uma infantilização dos afectos, do amor e do ódio. A infantilização do amor e do ódio são aspectos dominantes da teoria psicanalítica e da compreensão da relação transferencial, Klein dedica toda a sua obra a pensar nesta relação, basta relembrarmo-nos, por exemplo, do seu livro "Inveja e Gratidão" (1957) ou de um outro livro que ela escreveu em co-autoria, chamado "Amor e Ódio" (1937). Neste aspecto, Klein repõe no contexto da psicanálise qualquer coisa que em Freud tinha ficado pouco claro, que é a importância dos aspectos emocionais que subjazem ao vivido humano. Em Freud há uma falha, na medida em que ele demorou muito tempo a perceber que a transferência é uma tarefa da elucidação, ou seja, que a transferência deve ser desfeita. No início das suas descobertas sobre a análise, ele entende a transferência como uma relação pura de resistência e nessa medida não interpreta a transferência, ele afasta a transferência.

Uma coisa é afastar a transferência, cuja formulação interpretativa mais simples é: "você está a falar-me disto, para não me falar daquilo", esta formalização é a interpretação clássica da resistência e que está, obviamente, muito ligada ao modelo Freudiano. Afasta-se um discurso para pôr outro; seguramente que Klein fez um avanço qualitativo neste domínio, porque na abordagem Kleiniana é o analista que "vai em cima" do discurso do paciente e retira desse discurso aquilo que está contido no discurso apesar da resistência. Klein tinha uma percepção claríssima que a fantasia inconsciente existe apesar daquilo a que o sujeito resiste, isto é muito visível no texto de Susan Isaacs "A natureza e a função da fantasia" (1948), é evidente que Klein e os neo-kleinianos percebiam claramente que subjacente a todo o dizer do sujeito existe sempre uma ordem fantasmática que o cria, isto não está muito longe do pensamento de Lacan quando ele fala da outra cena, a outra cena em Lacan é o fantasma inconsciente em Klein, repor no fantasma é uma forma de repor noutra cena. Em Klein, o que o sujeito diz remete sempre para um outro lugar, mas essa remissão para outro lugar repõe permanentemente, no aqui e agora da análise. A técnica analítica kleiniana pura, não leva em linha de conta os aspectos histórico-narrativos e biográficos do sujeito.

O analisando é analisado em função do aqui e agora, portanto de acordo com a metáfora utilizada anteriormente do carril de duplo sentido, podemos dizer que num processo analítico com Klein, o sentido é revertido relativamente ao de Freud. Enquanto que em Freud, o carril anda predominantemente do passado para a transferência, em Klein anda predominantemente do aqui e agora para o passado. O analisando é submetido a uma interpretação em que tudo o que é vivido no processo analítico remete a um fantasma e esse fantasma tem o valor de um fantasma histórico. Isto é muito interessante e merecia que pensássemos como é que um fantasma histórico se pode organizar como um ser histórico do sujeito. Klein resolve muito bem esse problema com a conceptualização de uma fantasia que vale como recordação sob a forma de um sentimento – "Memory in feeling" –, esta dobra em cima da emoção dá-nos uma dupla articulação entre recordação e sentimento. Por aí, cria-se uma espécie de arquitectura e genealogia do sentimento e do fantasma, sendo que basta detectar a hierarquia deste fantasma para perceber qual é a recordação emergente. A título de exemplo, podemos pensar num paciente que vem à sessão num dia de chuva, entra no gabinete completamente molhado e exprime o temor de molhar o divã do analista; para Klein trata-se de uma recordação sob a forma de um sentimento que remonta a um fantasma urinário no corpo da mãe. Para Klein há uma tradução literal entre o fantasma emergente que está presente no discurso do sujeito e a temporalidade. O discurso de Klein, do ponto de vista epistemológico, não é ingénuo. A recordação emergente sob a forma da própria fala é inscrita na estrutura do significante, é a própria natureza do fantasma que se exprime através da linguagem. Neste sentido podemos falar numa literalidade do significante que faz com que Klein rompa, digamos assim, com o discurso num lugar que é um lugar, evidentemente, disjuntivo. Isto tem contornos paradigmáticos num texto dela de 1952 chamado "As origens da transferência".

Com a interpretação, Klein pretende repor no lugar da transferência, o fantasma do ponto de vista da recordação sob a forma de sentimento que lhe está sempre acoplado. Há sempre, para Klein, uma acoplagem entre o fantasma e a palavra. A análise kleiniana é então, desta forma, uma análise permanente do aqui e agora, é uma análise em cima dos vínculos emocionais que subjazem à relação entre analista e analisando.

É uma análise "truncada" no sentido em que é no acontecimento mítico narrativo que se inscreve essa fantasmática. Há uma idiossincrasia radical do sujeito, porque a idiossincrasia do significante está acoplada à idiossincrasia da narrativa que o sujeito traz para a análise. Quando pensamos no modelo associado à metáfora da limalha de ferro percebemos, claramente, que esta acoplagem não se verifica, mas ainda assim é por aí que se faz a nossa acessibilidade.

Para Klein, os afectos, as emoções não se reportam a nenhuma outra coisa, enquanto que para Bion elas se reportam a K. A triangulação entre amor, ódio e conhecimento é aquilo que repõe a própria circulação dos afectos do ponto de vista vincular entre analista e analisando. O modelo binário de Klein dá, com Bion, lugar a um modelo ternário. Amor e ódio têm, de alguma forma, de ser reportados a uma outra ordem, que é a ordem onde não nos basta dizer quem se ama e como é que se ama, mas porquê é que se ama e não apenas quem se odeia ou como se odeia, mas porquê é que se odeia. Esta ordem é, utilizando a linguagem de Lacan, a ordem simbólica. Utilizando a linguagem de Bion diríamos que é a reposição das emoções do sujeito noutro plano, ou seja, no nível que já estava previamente impresso na sua categoria mítico-narrativa. É a isto que chamo o lado persistente e conservador da mente do sujeito, a sua origem. A parte tradicional e conservadora da mente "gerada" pelos nossos pais está imbricada "no" e "como" se ama e no "porquê" se ama. Não basta dizer quem se ama é também necessário reportar ao "porquê" se ama, "porquê" se odeia e esta relação encontra-se sempre aqui, no acontecimento histórico-narrativo.

Nos modelos freudianos mais clássicos, mais tradicionais, mais ligados à análise de resistências, análise de defesas, análise de conteúdo, nesses modelos, o problema da transferência é visto como estando ao serviço da categoria mítico-narrativa, pelo que é esvaziada como condutibilidade do carril de dois sentidos, na medida em que a transferência como resistência ocupa o lugar de algo que tem de ser afastado. Com Klein também se perde o carril de duplo sentido porque a transferência ocupa o lugar em que a história é, digamos, engolida pela transferência. Ou é a história que engole a transferência como acontece em Freud ou é a transferência que engole a história como acontece em Klein.

A análise da transferência permite que o sujeito tenha uma acessibilidade à sua história, sem criar os nós cegos que criam os falsos enlaces de que falei anteriormente; nesses falsos enlaces o objecto substitutivo não se permite ser substituído por outro. A inexistência da possibilidade de substituição remete-nos para o problema da doença. A impossibilidade de substituição fecha o campo da significação em si próprio e isto é o problema do sintoma. No sintoma, o sujeito resolve a angústia pela alienação, que ele mesmo faz, de si próprio. A defesa e o sintoma protegem-no da angústia na medida em que são uma formação substitutiva e, nessa medida, o sujeito pode reenquadrar a sua relação com a sua história, que passa a ser uma história vivida nesse carril de duplo nível entre o passado e o presente, e o presente e o passado, a história organiza-se de um lado para o outro.

O que estou a dizer é diferente do que alguns autores clássicos já disseram; por exemplo, Hartman Krist e Lowenstein estruturam e organizam a conceptualização da interpretação no seguinte sentido: o que interessa ao analista é elucidar o passado, sendo que a transferência é qualquer coisa que só serve para a elucidação do passado. Este pensamento contém um grande equívoco que também foi o equívoco de Klein porque se assim fosse não havia neurose de transferência. Se a transferência fosse apenas um lugar onde o sujeito elucida por afastamento – você fala disto para não falar daquilo – então, não haveria lugar para a neurose de transferência e é na cura da neurose de transferência que a cura se processa. O fantasma narrativo tem que ser reciclado na relação analítica. O fantasma narrativo tem que estar lá e ao mesmo tempo tem que estar para além de lá, ele tem que estar entre os dois e ao mesmo tempo tem que estar para além dos dois.

O conceito de neurose de transferência é posto por Freud com muita clareza. Para ele, neurose de transferência quer dizer, a passagem duma transferência a uma neurose de transferência e na neurose de transferência alguém é escolhido (o analista) como o objecto que contém, condensa, cristaliza os afectos, as emoções, as ambivalências, os desejos, as frustrações. Daqui decorre que a ideia de que existe desde o início neurose de transferência seja errada. A postura defendida por Klein em que tudo é neurose de transferência, em que tudo é interpretado num modelo em que o objecto não é um objecto narrativo, mas é o analista, é errada porque o analista é reposto como o objecto do fantasma e ao mesmo tempo não se pode pôr o analista como aquele que impele o sujeito ao contacto com o fantasma.

A interpretação tem que levar em linha de conta o analista e a relação analítica como duas coisas separadas, sendo uma a que esclarece e a outra a que gera. A interpretação tem esta dupla vertente, mas gera e esclarece onde? O que esclarece o fantasma é a natureza do conhecimento. O conhecimento é sempre reportado a uma outra ordem que é todo o conhecimento. Assim como nós nascemos para uma ordem simbólica que está antes e para além de nós, também o analisando tem a sua ordem simbólica que está para além e para aquém da análise. O reportar dessa ordem simbólica onde o sujeito está inscrito, para essa outra coisa que é a história do sujeito, obriga à triangulação do vínculo que se faz num outro plano e é precisamente essa triangulação vincular que permite que a análise seja mais análise.

No esquema apresentado as setas dão conta destas relações, a transferência reverte sob a forma de transmissão, que por sua vez, reverte ela mesma à relação entre significação, acontecimento histórico-narrativo e significado. Ou seja, o lugar onde o acontecimento tem valor na relação analítica é o lugar da transferência, mas ao mesmo tempo, o lugar onde o sujeito pode ter outra dimensão naquilo que se passa na transferência é o lugar da transmissão, ou seja, é o lugar da significação.

A significação não passa pelo mesmo caminho que a transferência, ou seja, ela abre-se no campo da transferência mas cria outro registo. A transmissão parte do mesmo lugar que a transferência, mas emancipa-se dela. O problema de Klein é a confusão da transmissão com a transferência. A transmissão, para Klein, do fantasma originário é a transferência do fantasma originário. O paciente pensa que transmissão e transferência são a mesma coisa. O que se transfere é interpretado no mesmo lugar onde se transmite, quando o que deve acontecer é o aumento da angularidade entre o que se transfere e o que se transmite a partir de um ponto de charneira, onde o analista vai encontrar o campo analítico. O ponto de origem é a sua hipótese, mas se a interpretação não se bifurca num duplo nível, transferindo e transmitindo, o campo da significação não se amplia. Toda a verdadeira interpretação contempla a transferência. Subjacente a este modelo da interpretação estão ideias tão diversas como a ideia de interpretação negativa, o conceito pós-bioniano de mudar o significado e desintoxicar uma emoção, a produção de interpretações que articulem passado com presente, a relação de transferência, o conceito de interpretação mutativa e o conceito de interpretação completa de Fenichel.

Em psicanálise fazem-se várias coisas e nem todas elas são interpretações, podem-se fazer intervenções, comentários, convites à comunicação, reforços da comunicação, oferecer deixas para o paciente continuar a pensar e por fim interpretações propriamente ditas. Dentro das interpretações, a interpretação de que estou a falar tem como pano de fundo a interpretação psicanalítica que é um tipo de interpretação que põe em articulação as diversas modalidades onde o sujeito se exprime.

O objecto da interpretação não é a transferência. O objecto da interpretação é o *transferido* e não a transferência. Este transferido realiza-se no campo da transferência, é essa transferência global que trabalhando sobre o transferido, elucidando-o cria o campo da neurose de transferência, ou seja, K passa a ser gerado nesta categoria e vai elucidando esta categoria.

Em Klein, o analista traduz num campo do significado, no registo do fantasma inconsciente, aquilo que o paciente comunica sobre o anedótico. Obviamente que é verdade que o anedótico que é trazido para a análise tem que ser reportado a outro lugar, mas se esse lugar é apenas o lugar da transferência, não há transmissão. De forma caricatural e a título de exemplo podemos pensar num paciente que chega à sessão e diz assim: "Hoje está um dia insuportável de calor" e o analista da corrente kleiniana tem o direito, como tudo é transferencial, de dizer: "Você hoje viu-me como uma mãe insuportável que em vez de o refrescar, de o alimentar, o asfixia!". Neste exemplo a angularidade entre transferência e transmissão foi perdida, a transmissão fica sobreposta à transferência e o passado está presente sob a forma de uma mãe asfixiante. Quando, pelo contrário, se gera a angularidade e se separa transferência e transmissão ganha-se um nome, que é: porque é que você acha que a sua mãe é asfixiante e quais são as implicações que isso teve na sua vida.

No modelo em que se perde a angularidade esgota-se completamente a história do sujeito porque ela não é tida em conta. O reportar a outro lugar não é feito, pelo que a outra cena fica esgotada no seu fantasma. As personagens da outra cena não estão lá, não são tidas em consideração. Organiza-se um filme negro, onde apenas se vêem os urros, os choros e os beijos das personagens, mas não as personagens propriamente ditas. Vê-se, por exemplo, o bebé faminto, o bebé urinário, o bebé invejoso, o bebé destrutivo, o bebé controlador, o bebé omnipotente, mas não se vê o bebé com a mãe na história do bebé.

É então preciso perceber claramente o que é que constitui o essencial do modelo freudiano e do modelo kleiniano para entender a importância destas questões. Para Freud o fundamental do processo analítico era, poder, de alguma forma, reconstruir a história do sujeito que está em análise. Apesar de Freud ter abandonado, pelo menos parcialmente, a ideia do reprimido associada à primeira tópica – no sentido em que algo que estava reprimido se ligava posteriormente e organizava o sintoma –, para dar lugar à segunda tópica, defendendo que onde está o *id* deverá passar a estar o *eu*, – no sentido em que a consciência de si deve ampliar-se para que o paciente passe a saber de si mesmo –, manteve a ideia da necessidade de reconstruir a história do paciente.

Acoplado à ideia de que a análise é fundamental e primacialmente o trabalho de organizar a história do sujeito, está subjacente, em primeiro lugar, a ideia de que a transferência é retomada pela condenação do transferido e, em segundo lugar, a importância decisiva da elucidação do transferido em função da relação com a consciência da história de si mesmo. Em termos do triângulo L-H-K, temos que K é o mais importante do sistema, em Freud. Quando pensamos no modelo kleiniano puro e duro e na interpretação do aqui e agora como valendo por toda a interpretação, percebemos que a elucidação do que se passa aqui e agora, é mais do que suficiente para permitir a transformação da mente do analisando.

Quando focalizamos a nossa atenção sobre os critérios de verificação, percebemos que estes, em Klein, são completamente "independentes" da história do sujeito. Senão, vejamos, por exemplo, a passagem da ansiedade paranóide para ansiedade depressiva, com o consequente aumento da tolerância à ansiedade depressiva, e o desenvolvimento de uma maior capacidade integrativa. Há aqui alguma História? Vejamos, desta vez, os critérios de verificação em Freud: levantamento do reprimido, preenchimento das lacunas mnésicas do sujeito, capacidade para tolerar as emoções edipianas, claramente se percebe que aqui tem todo o sentido a história do sujeito. Em Klein, como critério de cura, a história da pessoa não entra uma única vez, enquanto que em Freud ele está sempre presente. Em Klein trata-se da maior integração da ansiedade depressiva, da culpa tornar-se menos persecutória, do aumento da capacidade de integração, da prevalência do amor sobre o ódio, do desaparecimento da inveja, do desenvolvimento da capacidade de reparação. Onde é que está a história singular do sujeito? Neste modelo não há necessidade de haver história singular, porque a transferência e a elucidação da transferência esgotam a totalidade do campo psicanalítico. Freud não tem nenhum critério de cura. Refere-se apenas à capacidade do adulto para trabalhar e amar, e ao levantamento do reprimido – onde está o *id* devera estar o *eu*. Para Klein, a história da pessoa está no aqui e agora, a transferência contém tudo, porque ela não isola a transmissão da transferência.

O objecto de interpretação é também um objecto que se passa na transferência. É fundamental distinguir entre "objecto transferido" e "transferência". A distância que o analista tem e que se revela na humildade de Freud, quando perante a transferência amorosa das suas pacientes ele dizia: "não é nada comigo", esta humildade que entendemos ser defensiva, assim como pensamos ser defensiva a vaidade de Klein quando ela diz perante as verbalizações dos seus pacientes: "tudo é comigo". Enquanto que para Freud "nada era com ele" –, se a paciente diz que o ama, ele diz que não é com ele, mas com o pai dela; se o paciente diz que o odeia, isso também não é com ele, mas com a mãe do paciente, etc. –, para Klein "tudo é com ela"; Bion, por sua vez, tem uma postura diferente, para Bion "é com ele e não é com ele". Bion separa transferência e transmissão, reconhecendo a existência de ambas; para Freud a transferência fica "reduzida/aglutinada/subjugada" à transmissão e para Klein a transmissão fica "reduzida/aglutinada/subjugada" à transferência.

Transmissão e transferência não são a mesma coisa! Transmitir sem transferir, é um problema complicado! Talvez se possam questionar porque é que eu não terei utilizado a palavra "aparelho de pensar". Porque é que escolhi deliberadamente as palavras "transmitir" e "transferir"? Penso que a transmissão é um problema da dualidade da história humana. Eu, por exemplo, estou aqui, neste preciso momento, a transmitir-vos os meus pensamentos. A transmissão oral, faz parte da relação humana, e a transferência é também humana, tratam-se de fenómenos da humanidade. Freud tem, a este propósito, uma frase muito interessante "uma sessão de análise é apenas um pedaço de vida!". Aquilo que nós podemos fazer é isolar e trabalhar esses pedaços de vida de outra maneira.

Podemos estar de acordo com o facto de um dos objectos da psicanálise poder ser a história do sujeito, o seu acontecimento narrativo, que é transmitido oralmente ao analista, que, por sua vez, o reencadeia na dupla articulação entre transmissão e transferência, ressignificando-o no plano do analisando. Expressando-

-nos de uma forma mais próxima ao modelo bioniano, podemos dizer que pela transferência desintoxicamos a emoção e pela transmissão atribuímos-lhe um novo significado.

Desintoxicamos a emoção na transferência, e atribuímos um novo significado pela transmissão. Considero que a minha formulação aperfeiçoa a de Bion porque é mais completa, na medida em que esta formulação separa com clareza os diferentes níveis processuais onde se desenrolam as duas coisas. Não basta dizer tratar-se emoção e significado, é preciso explicitar que os canais por onde passa a emoção são diferentes dos canais por onde passa o significado. Um é o canal da transmissão (via transmissão) e o outro é o canal por onde passa a emoção que é o canal da transferência (via transferência). Desintoxicamos a emoção na transferência e atribuímos um novo significado fora da transferência.

Na cadeia da transferência encontram-se os fenómenos contemplados na metáfora bioniana descrita da seguinte forma: "o bebé projecta na mãe, ataca a mãe com as suas fezes, urinas etc.... a mãe recebe estas projecções e transforma as fezes em alimento, a urina em empatia, etc.". A transmissão é, por sua vez, a criação de um elo que liga/organiza o histórico, no sentido da construção da narrativa do sujeito; a narrativa do sujeito é rompida pela nova configuração da narrativa que agora emerge na transferência e que tem um efeito disruptivo com a narrativa que o sujeito propunha.

A narrativa que o sujeito propõe é rompida pela nova versão; a pessoa trouxe uma narrativa, onde tinha essa ideia X sobre a sua história, agora, pela transferência, aquela é elucidada, mas também desintoxicada a emoção que está aí presente. Desta forma posso dizer que desintoxico na transferência e ressignifico na transmissão. Este modelo é mais operacional do que o de continente-conteúdo porque com ele se percebe claramente quais são as vias pelas quais a interpretação permite simultaneamente desintoxicar a emoção e outorgar uma nova significação. Este modelo delimita os campos epistemológicos, operacionais e praxeológicos onde se passa o trabalho do analista, enquanto que o modelo continente-conteúdo não o faz. A praxiologia tem que se dirigir à transferência, para que a interpretação possa, aí mesmo, colher o nível operacional do contacto passado entre o analista e o analisando, e desintoxicá-lo, embora o novo significado que irá adquirir só se possa fazer em relação à história do sujeito. É na relação com a história do sujeito que esse significado tem sentido e tem que ser disjuntivo em relação à história do sujeito. Antes de termos uma construção em análise verdadeiramente eficaz, a qual apenas surge com a posição depressiva, a interpretação é necessariamente disjuntiva em relação à história proposta pelo paciente.

Qualquer analista sabe que as interpretações, em grande parte do processo analítico, servem para fazer cair o mito, a versão do mito, que nos é trazida, mas ao mesmo tempo servem também para desintoxicar a angústia e para continuar a indagar. Se não se opera uma desintoxicação mínima da angústia, não há possibilidade indagatória, não se abre/gera um caminho indagatório possível. No modelo que proponho sabe-se claramente o lugar onde se desintoxica e o lugar onde se ressignifica.

Este é o caminho normal da identificação projectiva. Pela identificação projectiva, o analista colhe a palavra do sujeito, ela mostra/evidencia uma construção narrativa-pessoal que se organiza pela via da transferência onde o analista esclarece a categoria mítica que está lá presente. Elucida-se a categoria mítica (via transmissão) e desintoxica-se o sujeito pela transferência, o suficiente para ele ficar em contacto com uma nova significação da sua mente.

O analista muitas vezes dá interpretações parciais, disjuntivas, para tentar obter um ambiente emocional propício para lidar com uma interpretação total disjuntiva, que será dada posteriormente. Por exemplo: o analista pode interpretar somente a capacidade que o analisando tem, ou não, de poder tolerar uma intervenção, isto visaria criar um ambiente emocional suficiente para que se desenvolva um processo de verdadeira comunicação analítica, criar as condições na transferência para que a ressignificação possa vir a ter lugar.

O analista também tem de ter a liberdade de, primeiro, gerar um campo de significação e só depois ligá-lo à transferência, no momento seguinte. Podemos trabalhar primeiro em cima para depois trabalhar ao lado. O alinhamento do campo da prática do analista depende de quê? Vejamos do que depende o campo da prática analítica. Como é que a interpretação se pode expandir? Como é que podemos expandir o campo da transferência e transmissão e aumentar a angularidade? Quais são as condições para que uma interpretação possa ser o mais angular possível, para que a mente do analisando e do analista cresçam o mais possível.

Há um imenso trabalho implicado na criação de condições para a interpretação. O trabalho que prepara o terreno para a interpretação passa por diferentes tipos de intervenções, sugestões no sentido de comunicar isto ou aquilo, convidar o paciente a associar, etc.

A interpretação pode ser parcial e muitas vezes é parcial. Há, inclusivamente, que assumir que a interpretação total é um ideal. A interpretação exequível e concebível na mente do analista é a interpretação mutativa. Antes da interpretação, ou durante a interpretação, neste sentido da verdadeira interpretação psicanalítica, muitas interpretações parciais podem ser feitas, que são as interpretações/intervenções que preparam o campo para a Interpretação. É preciso, contudo, distinguir interpretação e construção. A concepção e a comunicação da verdadeira interpretação é preparada pelas interpretações parciais que vão gerando um campo – o campo hipotético da construção. Da mesma forma que não se pode esperar que o bebé humano tenha capacidade de outorgação de significado antes de se ter construído/fornecido um campo de significados, também não se pode esperar que o paciente seja capaz de "entender" uma interpretação antes de se ter gerado o campo hipotético da construção.

O campo hipotético da construção do analista é gerado desde o princípio da análise. O analista tem um conjunto de instrumentos dos quais pode dispor para gerar um campo intermediário que terá efeito no campo hipotético da construção. A geração desse campo intermédio é essencial. Anteriormente falei sobre a instauração do senso comum psicanalítico, em Bion é descrito como a visão binocular, esta dá-se quando duas pessoas olham para uma mesma questão. Obviamente que é preciso um trabalho prévio para criar uma visão binocular.

Um acidente histórico-narrativo pode ser objecto da interpretação e simultaneamente ser definido nestes dois campos – no campo hipotético da construção e no campo do senso comum psicanalítico –, isto tem de estar na mente do analista, tal como o campo semântico, onde a significação vai ser acolhida. Podemos dizer que é pela via da identificação projectiva que seleccionamos os acontecimentos emocionais (o objecto da interpretação); mas o modo como formalizamos a interpretação e como determinamos a altura de a comunicar – o tempo da interpretação –, dentro de um determinado objecto da interpretação depende de um conjunto de factores que iremos analisar posteriormente. São três, os aspectos fundamentais da interpretação e estão todos profundamente interligados: objecto, tempo e formalização.

Freud durante o período do desenvolvimento da primeira tópica relatava uma quase sempre franca adesão dos seus pacientes às interpretações. Nesta altura, Freud não se apercebia do conteúdo transferencial das comunicações dos seus pacientes. Os doentes pareciam concordar com todas as interpretações feitas, mas as análises chegavam ao fim e os pacientes continuavam pacientes. Estou, mais concretamente, a referir-me ao caso do "Homem dos Lobos"[7]. Este transformou-se num eterno paciente de Freud, na medida em que "ganhou a vida" pelo simples facto de ter sido seu analisando. O "Homem dos Lobos" era um príncipe russo que fez análise com Freud. Durante esta, Freud achou que tinha feito uma descoberta importantíssima, a saber, a idade em que as crianças se apercebem do coito dos pais e a forma como isso se pode constituir como um acontecimento traumático (cena primitiva). Há uma coisa que é evidente quando lemos o texto é que o analista "não existe", mas as interpretações dele existem todas. Freud está unicamente interessado em demonstrar um ponto de vista, a saber, é possível

---

[7] História de uma Neurose Infantil (O Homem dos Lobos). 1914 [1918].

localizar no terreno da história, o momento e a hora exacta do "crime", o momento em que a criança presenciou o coito dos pais. O detective Freud emerge da sombra e até nos diz a hora. Comunicar este "saber" é transmissão sem transferência. O assentimento cordato das interpretações, do princípio até ao fim de uma análise, não significa nada em termos da validade da interpretação ou da sua eficácia terapêutica. Ou seja, não se dá a cura psicanalítica enquanto o sujeito não mudar a sua versão do mito, e nestas situações há, pelo contrário, uma insistência sobre o mito.

Se há uma versão fantástica de um mito repetido é função do analista trazer, pelo menos alguma luz, ao que se expõe no mito e que é masoquistamente alimentado pela repetição. O "homem dos lobos" deixou-se levar por tudo o que é gente e com toda a sinceridade pôs a sua vida a nu, escreveu artigos sobre ele mesmo, deu entrevistas, fez uma exposição única da sua pessoa e da sua relação com Freud.

Pergunto-me se a "cena primitiva" não está nele. Pergunto-me em que partes anatómicas simbólicas do "homem dos lobos" estará a cena primitiva sobre a qual ele falou, ou melhor, da qual Freud falou por ele, mas que passou a fazer parte dele. Se este conhecimento, que o "homem dos lobos" tornou seu, não passou na transferência por onde é passou? E, por onde é que passou a transferência de Dora[8]? Dora, no divã contou a Freud um sonho, contou que tinha sonhado com um incêndio na sua casa[9] e depois levantou-se do divã e disse: "cheira-me aqui a fumo"! Sabemos que não há fumo sem fogo, mas o fogo da transferência não foi interpretado por Freud.

Quem era Dora? Era a empregada que serviu na casa da irmã de Freud. Era esse o nome dela. Quando Freud pensa no nome que

---

[8] Fragmento da Análise de um Caso de Histeria (Dora). (1905) [1901])

[9] "Eis o sonho, tal como Dora o relatou: "Uma casa estava em chamas. Papai estava ao lado da minha cama e me acordou. Vesti-me rapidamente. Mamãe ainda queria salvar sua caixa de jóias, mas papai disse: 'Não quero que eu e meus dois filhos nos queimemos por causa da sua caixa de jóias.' Descemos a escada às pressas e, logo que me vi do lado de fora, acordei." In *Fragmento da Análise de Um Caso de Histeria* (1905).

havia de dar a "Dora", deu-lhe o nome de empregada de servir, que também a irmã despediu sem aviso prévio de 15 dias. Ele utiliza estes instrumentos na análise? Ele põe estes instrumentos ao serviço do processo analítico? Quando ela lhe comunica que se vai embora, o que é que Freud fez com isso? A desistência de Dora foi provavelmente a consequência de uma análise sem transferência! É que as análises sem transferência têm uma versão temporal que é aparentemente contrária às análises sem transmissão. As análises sem transmissão, que são as análises do tipo kleiniano são as análises mais longas chegando a ter uma duração de mais de uma dezena de anos, enquanto que as análises sem transferência são frequentemente análises muito curtas, excessivamente curtas.

A transmissão e a transferência são irmãs gémeas e indissociáveis do mesmo processo, pelo que, a ausência de uma é geradora da falta de sentido de temporalidade, ficando este em parte perdido.

Análises de 12, 15 e 18 anos, acontecem porque são processos onde a história do sujeito é substituída pelo permanente desintoxicar da emoção, o analisando fica inserido numa espécie de círculo vicioso do qual não sabe sair, não consegue perceber qual é o fim nem como vai lá chegar. A análise esgota-se apenas quando a história dos dois se esgota.

Este tipo de análises favorece uma certa "dependência" do analisando face ao analista. Tive conhecimento de uma analisanda que fez uma análise de 20 anos com um analista e que o tipo de relação que estabeleceu com o analista era de uma ordem tal que quando ele esteve hospitalizado, porque padecia de uma doença fatal, a analisanda ficou junto dele, na cama do hospital, até à sua morte. A paciente quando recorreu à análise estava a sair de um divórcio e durante os 20 anos seguintes, não se interessou por mais nenhum homem a não ser pelo analista. Durante 20 anos passava-se tudo ali, entre os dois.

Esta história remete-nos para o problema do tempo subjacente à interpretação da transferência. Trata-se, nestes casos, da alienação do sujeito separado. A interpretação sistemática e praticamente exclusiva da transferência promove a alienação do sujeito separado, porque promovendo a vinculação permanente entre dois sujeitos. Este tipo de interpretação produz um efeito paradoxal que é; permanentemente revincula o sujeito e simultaneamente aliena o sujeito no outro.

Na base do modelo de M. Klein encontra-se a ideia de que existem relações de objecto na realidade e na fantasia desde o princípio da vida, pelo que as questões levantadas por Freud sobre o desamparo originário e as implicações da consciência do desamparo perante o objecto, são totalmente escotomizadas, assim como é desvalorizada a questão do narcisismo e as suas implicações. Não há portanto análise do narcisismo, nem da falha narcísica, nem da angústia de morte ou da angústia de separação. A separação é completamente iludida pela transferência, enquanto que no modelo dito ortodoxo, mais correctamente no modelo da ego-psychology, o que é iludido, é de uma natureza técnica inversa. No modelo da ego-psychology é a relação com a emoção que é submetida à falha narcísica e isso é outra forma de alienar o sujeito. Não é por acaso que nem Klein, nem Hartman trabalham o instinto de morte. Klein "subverte" o conceito de instinto de morte afirmando que o instinto de morte é a destruição e o sadismo, portanto, ilude o problema do narcisismo, tudo aquilo que Freud atribuía a Eros ela atribuía a Thanatos. Hartman ilude o problema do instinto de morte, dizendo que o instinto de morte é uma coisa que não existe.

O instinto de morte não se dirige ao desamparo, mas é na relação com o desamparo que o instinto de morte se faz sentir. A forma mais fácil de resolver o problema do desamparo é reverter o sujeito à pulsão de morte e dessa forma evitar a dor. A transferência é paradoxalmente o lugar onde a falha narcísica é reposta e entendida e não o lugar onde ela é iludida.

O paradigma para o qual tende o objecto da interpretação é a neurose de transferência (NT), nela operacionaliza-se todo o problema da transferência. A rêverie, assim como a identificação projectiva delimitam o mesmo campo epistemológico – o campo hipotético de construção – mas fazem-no em planos diversos; pela identificação projectiva desvela-se e pela rêverie revela-se.

No livro "Transformations" (1965), Bion descreve a rêverie como uma subforma da função alfa. A rêverie não é uma actividade exclusiva da mãe com o seu bebé, é a actividade mental de qualquer ser humano que procura outorgar significação e, dessa forma, reorganizar sob o domínio da linguagem os elementos sensório-perceptivos não verbais e as impressões sensoriais. A função-α é preciso não esquecer, é uma função balizada pelo campo da linguagem. Ela está balizada pelo campo da linguagem porque para transformar os proto-pensamentos em pensamentos propriamente ditos, temos de os articular com o sistema mítico e com o sistema onírico e esse encontro dá-se no campo da linguagem.

Enquanto a identificação projectiva parte das palavras e se traduz em palavras em ambos os domínios, no da transmissão e no da transferência, a rêverie parte das impressões sensoriais, das fantasias vividas, das emoções recebidas, portanto de um plano não verbal e reorganiza-as no campo da linguagem.

A outorgação da significação na rêverie é essencial, porque o que falha no plano onde a rêverie trabalha é, justamente, a significação. Podemos dizer que na identificação projectiva contemplamos com a visão binocular, na rêverie tentamos criar a visão binocular, porque ela ainda não existe.

Se "despsiquiatrizarmos" o conceito de psicose, podemos dizer que a rêverie é aplicável a todas as partes psicóticas da mente do sujeito, independentemente das categorias psicopatológicas onde estas se inserem. Só aquilo que é trazido à mente é que pode ser desvelado e apenas é trazido à mente quando é revelado através da rêverie. O que se desvela na parte não psicótica, revela-se na parte psicótica. Quando estes conceitos se tornam paradigma do trabalho analítico, percebemos que se trata da identificação projectiva *versus* rêverie, ou seja, do que desvela e do que revela.

A forma como o analista tende a revelar mais do que a desvelar é directamente proporcional ao funcionamento primitivo da mente do analisando. Se a mente do analisando é uma mente primitiva – com dificuldade em gerar símbolos, em criar pensamentos propriamente ditos e, em consequência disso, de poder olhar para a própria experiência, isto é, se não tiver uma função psicanalítica da personalidade minimamente constituída – é evidente que o analista tende a revelar mais do que a desvelar, até porque nem tem como desvelar.

Por motivos que se prendem com a clarificação dos conceitos fizemos uma divisão artificial em dois planos, o do analista e o do analisando, estes planos foram artificialmente criados e estão aqui subentendidos como um modelo da técnica na medida em que se trata de um plano de encontro.

Porque é que o analista é posto, muitas vezes, na posição de revelador? Ou seja, na posição de gerar um campo semântico e não de intervir num campo semântico? Porque a própria capacidade de gerar um campo semântico está perdida nos pacientes. Qual é a diferença entre dizer que um paciente é capaz de "insight" ou que tem função psicanalítica da personalidade? Analisar significa decompor, dividir. Um paciente que está dividido não tem capacidade de dividir porque a sua própria mente está dividida, portanto, nestes casos, o efeito que se pretende é que o paciente interrogue o campo – porque se pretende multiplicar o campo da significação dos acontecimentos. Isto é o que leva Bion a dizer que o paciente quando entra para a análise tem 6 factos, cada um com a sua versão e que quando está em análise tem seis versões para cada facto, por isso é que é análise, é da ordem da metadimensionalidade psíquica. Quando falamos de pacientes com metadimensionalidade psíquica, estamos a falar de pacientes que têm capacidade de rêverie sobre si mesmos, função psicanalítica da personalidade, capacidade de reinterrogar os seus próprios aspectos emocionais e de lhes dar um aspecto comunicacional, estamos a falar de pessoas com aparelho de pensar, função simbólica, etc. Nos pacientes onde isto não se passa, a prática analítica é geradora de significações, ou seja, o paciente tem que ter um sistema de referência, porque perdeu a referência e perdeu história.

O que primeiro morre numa psicose é a história, um paciente psicótico é um paciente anacrónico, sem história, sem tempo. O lugar onde exorcizamos "Cronos" é no desvelamento porque esse é o lugar onde ressuscitamos uma revelação. A mente não pode perder a sua unidade. O sujeito quando está psicótico precisa de ter um presente, porque o tempo está perdido, mas simultaneamente o tempo tem que ser puxado para onde está reprimido. Qual é o tempo neurótico? Qual é o tempo do sintoma? A condensação! O sintoma neurótico é um enlace falso que não tem transitoriedade e condensa o lugar onde uma pulsão se articula com uma representação. O sintoma neurótico é gerado no lugar onde uma representação e uma pulsão se enlaçam falsamente para ocultar do sujeito o lugar onde ele queria pôr a pulsão.

O sintoma psicótico não funciona na área do ser desvelado, o problema da psicose é o problema do sem nome enquanto que o problema da neurose é o problema do nome que encerra a possibilidade da mudança. O neurótico é o senhor do jogo enquanto que o psicótico é o que faz o jogo do senhor. O senhor da psicose é o *super ao eu*, ou seja, é aquele objecto que funciona separado da mente e que já estava contido na fenomenologia de Jaspers quando ele falava de fenómenos como o roubo do pensamento – trata-se de um objecto que trabalha em cima da mente, não permitindo a existência nem de mente nem de objecto, apenas de inconsequência. Isto tem implicações óbvias com os problemas da barreira de contacto, na medida em que o lugar que separa analista e analisando, co-varia com a barreira de contacto. Se a barreira de contacto permite uma diferenciação clara entre consciente e inconsciente, o analista pode desvelar, se pelo contrário não houver uma barreira de contacto bem definida e eficiente, o analista apenas revela. Não existe consciente sem inconsciente, mas o inverso pode acontecer: a psicose é um inconsciente sem consciente.

O *super ao eu* emancipa-se da narrativa, toma conta dela, subjuga-a e cria outra narrativa. O *super ao eu* é anterior ao *super-eu* e inclusivamente ao próprio *eu,* do ponto de vista genético, é qualquer coisa que se constituiu e se emancipou do pensamento propriamente dito. O *super ao eu* é uma parte psicótica da mente, automática, fria e repetitiva, porque não é vitalizado pelas emoções. É uma parte da mente ditatorial e que não contempla o pensador, subjuga-o.

A decisão sobre o tipo de intervenção deve, em primeiro lugar, levar em consideração a existência ou não de uma barreira de contacto. Se existir uma barreira de contacto estamos no domínio da neurose e o trabalho pode ser feito pela rêverie, via transferência; se não, estamos no domínio da psicose e o trabalho deve ser feito pela identificação projectiva, via transmissão (atribuição e geração de sentido). Em segundo lugar, a decisão sobre se devemos trabalhar mais pelo lado da emoção ou mais pelo lado da significação também depende do que se passa na mente do analisando, em termos da relação dinâmica entre continente-conteúdo e barreira de contacto.

Há neste sentido, dois tipos de analisandos: analisandos com função simbólica, com função psicanalítica da personalidade, com aparelho de pensar os pensamentos, com barreira de contacto, com estes analisandos a nossa prática deve ser sobretudo uma prática do desvelamento em que a transferência se organiza sobre o modelo da neurose de transferência (NT). Nele as articulações entre as estruturas míticas e narrativas dos sujeitos são passadas pela transferência e re-ganham uma nova significação pelo campo da psicanálise, gerando uma nova entidade mítica, enquanto que a análise dos outros pacientes – pacientes psicóticos ou com partes psicóticas da personalidade poderosas – é uma análise que se centra na prática da revelação e, portanto, no gerar de pensamentos, promovendo uma ortopedia do psiquismo do paciente.

Há muitos anos que trabalho com pacientes psicóticos e treinei os primeiros psicanalistas portugueses que actualmente trabalham de uma forma sistemática com pacientes gravemente doentes. Trabalhar com estes pacientes é ainda uma prática da psicanálise porque utilizamos um "setting", um modelo, uma forma, uma organização à qual subjaz um campo epistemológico que é específico da psicanálise. O modelo conceptual utilizado com estes pacientes vem da psicanálise pelo que se trata de psicanálise. Por exemplo, se o paciente está constantemente a retroagir sobre o passado, a reinterpretar delirantemente o passado... estamos perante uma situação em que ainda não existe verdadeiramente um sistema para ser perturbado pelas nossas interpretações. Antes de fazermos a pergunta "Do I dare disturb the universe?", como Bion fez, num dos seus textos, devemo-nos questionar se temos verdadeiramente um universo para perturbar. Se ainda não existe esse universo a primeira coisa a fazer é criá-lo. Nos pacientes psicóticos o que devemos fazer em primeiro lugar é criar um universo, não se trata de uma reconversão da história do paciente, mas de uma ortopedia.

Um outro tema central que envolve a interpretação é o Tempo, o tempo da interpretação. Quando devemos interpretar? Quando e com base em quê decidimos o que vamos interpretar? A interpretação pode ter três níveis: (1) "status nascendi", quando o analisando tem capacidade de se interrogar, basta-nos fazer uma referência notativa "você reparou no que disse?" e a mente do analisando faz o resto; ou dizer algo como: "vamos prestar atenção a isto...", "vou entrar no seu mito privado de Édipo..." desta forma ampliam-se duas coisas, o mito do paciente e o mito do analista, ambos se ampliam – um como objecto de ser e outro como objecto de conhecer. Isso remete-nos para o problema do ser e do ter: analista e analisando não são simplesmente dois seres que se encontram, trata-se de um ser que tem o outro, não na área da interpretação, mas na área do saber. Na área do saber, o analista detém algo do paciente.

Um outro nível da interpretação é a interpretação disjuntiva (2). Se concebermos a interpretação como disjuntiva, como uma comutação disjuntiva, a primeira coisa que o analista tem que saber avaliar no momento em que formula a interpretação é a capacidade emocional do paciente para suportar uma operação disjuntiva. Esta avaliação supõe o domínio de um conjunto de asserções. Por exemplo, Bion diz-nos que, por vezes, o analisando não entra em contacto com uma interpretação porque o analista não criou o ambiente emocional necessário para que essa interpretação pudesse ser integrada. Nesta formulação, Bion dá-nos uma dimensão essencial da interpretação que é, evidentemente, a transmissão de algo.

A transferência é o caminho para a transmissão de algo, mas para que o analisando possa "receber" esse algo é crucial que o analista perceba claramente qual é o limite emocional em que o paciente pode integrar um saber novo. Existem alguns critérios que ajudam o analista a avaliar se o paciente tem ou não capacidade para integrar um saber novo. O primeiro critério é o da movimentação psíquica do paciente, isto é, apreciar a capacidade que o paciente demonstrou ao longo do processo analítico, para "aceitar/integrar" uma interpretação precoce. Na entrevista face a face, que habitualmente antecede o início de uma análise é, muitas vezes, útil tentar perceber a reacção do paciente perante uma interpretação precoce, observar o que o paciente faz com isso é um bom indicador da capacidade dele para integrar um saber novo. Se o paciente diz: "eu nunca pensei nisso, eu nunca tinha visto isso por esse lado", dá-nos a indicação de que tem uma boa capacidade para sair de uma unidade significativa onde estava contido, não encerrou a sua história-narrativa pessoal, pelo que foi capaz de assimilar outro ponto de vista, foi-lhe possível ter curiosidade suficiente por esse ponto de vista.

A curiosidade sobre novos saberes é uma curiosidade edípica, mas muitos analisandos vêm para a análise com o mito da Fénix, com o intuito de renascer, pensam que vão nascer de novo na análise. A transformação de uma "Fénix" num "Édipo" exige um profundo trabalho analítico. Outros pacientes, ainda, vêm para análise com o mito de Babel, com a ideia fantástica de que vão encontrar a pluralidade de línguas e acabam por evidenciar, como todos os psicóticos, o grande problema da angústia confusional.

O que é que o analista pode fazer se o analisando não quer caminhar de Corinto para Tebas? Quando o analisando está instalado em Corinto, está profundamente convencido da factualidade da sua realidade e apenas está interessado em suprimir os sintomas, em fazer desaparecer, por exemplo, aquela diarreia que o incomoda há 20 anos.

Há que observar cuidadosamente o estado mental em que o paciente vem para uma sessão de análise e perceber o tipo de ansiedade que ele comunica. Muitas vezes, os pacientes obsessivos estão em período maníaco dentro da sua neurose obsessiva; acham que a perfeição vale a pena, que são fantásticos porque são virtuosos, etc. Vale de alguma coisa ao analista fazer o quer que seja em cima deste triunfo da neurose? Não. Num primeiro momento temos que remeter o paciente para uma ansiedade depressiva e só depois podemos trabalhar, interpretar. Enquanto o paciente estiver em vantagem, isto é, enquanto estiver dominado pelo triunfo da neurose, ele não percebe as desvantagens a ela associadas.

Perceber a "importância" do paciente, compreender a desvantagem do seu sistema neurótico, está directamente relacionado com a capacidade que o analista tem de criar uma "obscuridade" no processo analítico. Bion ilustra muito bem esta ideia referindo-se a um court de ténis; diz ele: Se quer perceber a importância de uma rede num "court de ténis", obscureça o campo e perceberá a importância que essa rede tem. A capacidade de obscurecer o campo analítico, de gerar um facho de escuridão para fazer luz sobre algo, por vezes é inclusivamente necessário obscurecer tudo para que qualquer coisa se ilumine, o analista que tem esta capacidade emocional, percepciona o estado emocional em que o paciente se encontra e este fica mais apto a receber a interpretação. Por exemplo, o paciente utiliza um sistema projectivo muito intenso numa determinada sessão, culpa a mãe, o pai, a família, a mulher, os filhos pelas suas desgraças e o analista dirigi-lhe uma (3) interpretação mutativa, ou seja, faz girar a mente do analisando para que este passe a ter capacidade para a escuta de outra coisa qualquer. A interpretação psicanalítica só é possível se a mente do analisando estiver em ansiedade depressiva. Independentemente da psicopatologia de base, por exemplo, maníaca, paranóide, o primeiro tempo de um trabalho analítico é sempre pôr o paciente em ansiedade depressiva, ou seja, pôr o paciente em condições de receber qualquer coisa que diga respeito a si próprio. Colocar o paciente em ansiedade depressiva, muitas vezes, passa por um conjunto de intervenções terapêuticas que visam chamar a atenção do paciente para a manobra que ele está a fazer para evitar a dor depressiva.

Muitas vezes, antes de se fornecer uma interpretação a um analisando temos de gerar um campo onde a significação possa ser recebida. Não é possível receber uma significação a não ser em dor depressiva. Não há qualquer possibilidade de dar uma interpretação que seja digna desse nome, uma interpretação que contemple o duplo registo transferencial e de transmissão, sem o desenvolvimento no paciente, da capacidade para receber uma interpretação desta natureza. Muitas vezes faz-se um uso abusivo da palavra interpretação, chamando interpretações, a intervenções que apenas visam gerar um campo que facilite a recepção da interpretação. Se esse campo não está criado, não há a possibilidade da interpretação ser devidamente acolhida.

Frequentemente os analistas queixam-se de que o seu paciente não recebe uma interpretação, mas como é que pode haver visão binocular, quando o paciente está cego? É também preciso criar obscuridade, por exemplo, criar obscuridade em cima do sistema paranóide para se fazer luz sobre o fundo depressivo onde ele se instala. O desenvolvimento de um campo de ansiedade depressiva é fundamental como gerador de uma tensão emocional na qual a interpretação pode ter lugar. Então, o tempo lógico da interpretação é facilmente delimitado pelo tempo gerado pela ansiedade depressiva. Isto implica que haja um tempo anterior ao da geração da ansiedade depressiva e esse é o tempo que foi utilizado pelo analista para criar as condições para comunicar a interpretação.

Conforme o tipo de ansiedade do paciente e a relação analítica que se estabeleceu, o analista pode e deve perceber, na experiência contratransferencial – que não deve estar, obviamente, minada ou transtornada – o tempo da interpretação. Quando um analista faz uma intervenção sem entender completamente o seu sentido, pode gerar uma perturbação do contacto analítico. É possível formular a interpretação no campo do analisando, no campo do analista e no campo da interacção analítica, mas é apenas no campo da interacção analítica que se organiza o tempo lógico da interpretação.

O que foi dito anteriormente implica que só podemos ser disjuntivos em cima de um sistema copulativo, se não há copulação, não pode haver disjunção. O tempo da interpretação é o tempo onde se pode criar uma disjunção numa área copulativa, só pode haver interpretação após esse momento. Nesta perspectiva, uma interpretação precoce define-se como sendo a interpretação que não leva em linha de conta a ansiedade depressiva como momento óptimo para a interpretação. A precocidade de uma interpretação não está necessariamente relacionada com a altura em que a análise decorre, início, meio ou fim; a precocidade depende apenas do percurso da análise. Uma interpretação pode ser tão precoce no fim, como no início de uma análise, dependendo do seu curso.

A criação das condições emocionais para uma interpretação é tão importante como a interpretação em si. Um outro aspecto fundamental e relacionado com a interpretação prende-se com a quantidade de intervenções que fazemos antes de dar a interpretação. Se pensarmos na relação entre Corinto e Tebas percebemos que podemos estar em Corinto e mostrar ao paciente que anteriormente havia Tebas; de igual forma se pretendemos que ele faça o caminho para Tebas, podemos mostrar-lhe, a par e passo, o caminho para lá. Freud fez algo de semelhante quando foi consultado por um paciente profundamente angustiado que tinha sonhos sistemáticos e permanentes em que fazia amor com a mãe. Freud perante esta situação perguntou ao paciente: "Você arranjou uma namorada há pouco tempo, não foi?" E o paciente deu um suspiro de alívio e disse: "Arranjei". (este episódio foi contado por Hartman). Com esta intervenção Freud puxou-o para cima, isto é, aliviou-lhe a angústia. Penso que Freud não poderia fazer nenhuma outra coisa perante a brutalidade de uma afirmação incestuosa. Freud tinha que o pôr para cima antes de o pôr para baixo, tinha que o tirar da lama para ele poder ver a lama, tinha que o tirar do charco para ele poder olhar o charco.

É, pois, evidente que a questão do tempo da interpretação é essencial. Para além do que já foi referido, há ainda que ter em consideração que o tempo da interpretação tem que ser revivido no tempo do sujeito. Uma interpretação tem um tempo lógico nos pacientes que dominam a lógica da temporalidade, ou seja, ela vai alargar o tempo, gerar uma dimensão temporal e espacial. Quando Bion concebe o espaço como um ponto contido num parêntese e o tempo como uma linha tendencialmente infinita contida num parêntese, está a definir o conceito de espacialidade e temporalidade do sujeito neurótico – ele pode conter no Cronos, o espaço e o tempo. O sujeito que alucina perdeu a capacidade de conter o espaço e o tempo, gera objectos sem espaço e sem tempo, ou como diz Bion, os objectos da alucinação são objectos modais que, do meu ponto de vista, cosmologicamente matam o tempo e o espaço. Se uma coisa de agora e daqui, que somos nós, coabita com uma coisa que não é daqui nem de agora, que é uma alucinação, dá-se um choque cósmico entre dois espaços/tempos. A alucinação é o choque cósmico entre duas espacialidades e duas temporalidades.

Para os pacientes psicóticos, o tempo lógico da interpretação viabiliza um lugar onde o tempo e o espaço possam ser contidos. Enquanto que a interpretação no modelo neurótico faz girar o tempo naquele carril em dupla mão para trás e para a frente, no modelo psicótico, temos de organizar um espaço para o espaço e um espaço para o tempo, portanto uma interpretação faz-se numa espécie de pluralidade alternada. Isto levanta um problema complicado, porque ao fazermos a correlação entre psicose e neurose, estamos a fazer a correlação entre a condição humana neurótica e a condição proto-humana psicótica. Penso que aquilo de que os pacientes esquizofrénicos precisam fundamentalmente é de um aparelho de pensar o pensamento, porque eles não o têm plenamente desenvolvido e a função do analista é fornecer-lhes pensamentos e ajudá-los a desenvolver um aparelho apto a pensá-los, neste sentido, um paciente psicótico é, em certa medida, um paciente onde o humano não se constituiu na sua totalidade – a função simbólica, o símbolo, o espaço, o tempo, não se encontram plenamente desenvolvidos. É no pleno desenvolvimento de um aparelho para pensar os pensamentos que se faz a passagem do proto-humano a humano. Bion diz-nos algo como "não há como dizer que o psicótico tem personalidade", não há verdadeiramente "o paciente psicótico" porque hoje ele é uma pessoa e amanhã é outra. Portanto, a primeira coisa a fazer é fazê-lo passar de pessoas a pessoa, para que ele possa falar.

INTERVENIENTE – Ninguém é totalmente psicótico…

É verdade que há partes neuróticas nos psicóticos, mas a mente do paciente esquizofrénico está dominada pela parte psicótica.

O tempo lógico da interpretação é um tempo para quem tem tempo e é preciso gerar tempo para quem não tem tempo nenhum. Os pacientes psicóticos e "borderline" não têm, neste sentido, personalidade. A personalidade, no pleno sentido da palavra, implica mesmidade e reconhecimento de mim mesmo ao longo da minha vida, eu sou o mesmo hoje aqui em Coimbra e há muitos anos quando descia esta rua para ir para a escola, sou o mesmo e não sou o mesmo, mas sei que sou o mesmo e espero até ao fim da minha vida ter a certeza de que sou o mesmo.

Em psicanálise temos que lidar com dois tipos de pacientes: os pacientes que têm personalidade e que fazem análise para desenvolver a sua personalidade e os pacientes que fazem análise para desenvolverem uma personalidade, porque não têm personalidade, são duas análises completamente diferentes.

É essencial também trabalhar com os significantes dos pacientes para que a análise não se transforme num pronto-a-vestir; a análise deve ser uma alfaiataria, o analista deve fazer o fato à medida do seu cliente e começa por fazê-lo justamente a partir do significante. Wittgenstein dizia: "As palavras são apenas do homem que as profere"[10]. Significa isto que já é muito complicado estar em contacto connosco mesmo, quanto mais ter que transmitir um sentido. Contudo, mesmo sabendo da impossibilidade de uma comunicação "perfeita" devemos, pelo menos, estar o mais possível em contacto com os significantes do paciente para que "as palavras" sejam o mais possível do "homem que as profere", o paciente e do "homem que as escuta", o analista.

Outro conceito fundamental para a prática analítica é o de significante seleccionado. Devemos questionar-nos: "Quais são os significantes seleccionados para este paciente?; Quais são os signi-

---

[10] In Wittgenstein, Ludwig. Tratado Lógico-Filosófico e Investigações Filosóficas.

ficantes que ele organizou para dar um nome à sua própria narrativa?; Que *"dixit"* organizou para dizer de si?; Quais são os significantes habitualmente escolhidos pelo paciente para formalizar certos momentos, certas relações, etc.?" Temos que estar com atenção na escuta, à fala do paciente. Bion no seu livro "Atenção e a Interpretação" (1970) desenvolve este sentido, a necessidade do analista perceber a música dos significantes do paciente. Fazer atenção a uma coisa é muitas vezes fazer desatenção a outras.

A formalização do que é dito está intimamente relacionada com a estrutura/natureza do significante, com o significante dominante, com a relação entre o significante dominante e os factos seleccionados e finalmente com a relação entre os factos seleccionados e os factos relevantes. O objecto psicanalítico modificado é criado nas complexas relações entre os factos seleccionados, os factos relevantes, os significantes e os significantes dominantes que foram, por sua vez, gerados com a interpretação.

Os significantes são os constituintes da estrutura do discurso do sujeito. Para além de uma correlação entre o facto observado e o discurso que o explica é preciso que a coerência também se encontre entre o significante e o significado. Heiddeger percebeu que era no plano da linguagem que a saga do sujeito se podia resolver; se a saga do sujeito não passar pela linguagem, ela é anedótica, remetendo a um nada sem nome. A saga do sujeito sem linguagem é uma narrativa vazia, não diz nada.

Heiddeger introduziu qualquer coisa de novo relativamente ao modelo filosófico existente até aí. Esse novo foi a passagem pela linguagem. Wittgenstein mais tarde fê-lo de outra forma. Estas investigações filosóficas têm repercussões na clínica, na medida em que nós, os analistas, somos quem está em melhor posição para compreender a relação entre o vivido e a linguagem. A linguagem, ela própria, dá conta da organização do vivido pela escolha dos significantes. A linguagem, a estrutura dos significantes organiza-se sobre o vivido, logo os acontecimentos histórico-narrativos subjazem à linguagem. Os acontecimentos histórico-narrativos são então inicialmente isolados com o levantamento de hipóteses.

Hipoteticamente os acontecimentos histórico-narrativos estão lá; as vivendas, os vestidos e os alimentos. As vivendas são factos imutáveis, invariantes, correspondem ao núcleo tradicional e conservador da mente. "Como é que o analista detecta quais é que são as invariantes de um discurso e como é que estas se articulam?" Quando um significante é muito repetido, provavelmente trata-se de uma invariante e seguramente está ligada a um facto relevante. Um facto relevante é um facto digno de investigação analítica.

A formalização da interpretação passa pela articulação dos significantes, dos significantes dominantes e pelos factos relevantes. Um facto é digno de investigação quando é relevante, isto é, quando existe um nome que o significa. A interpretação do facto relevante é feita em primeiro lugar a partir da conjunção constante. Olha-se a partir da conjunção constante. Vê-se e revê-se o facto. A interpretação surge então como a atribuição de um nome. Uma interpretação formalizada a partir da conjunção constante é do tipo: "Você vê assim porque você é assim." Aquilo que o sujeito é justifica a forma como ele vê ou aquilo que vê e a forma como o faz é condicionada por aquilo que ele é. A interpretação do facto relevante também pode ser feita a partir do ângulo sobre o qual o paciente formulou, formalizou a própria expressão dos significantes: "Veja como você vê assim porque tem a mente centrada em. Veja como isso distorce a sua realidade".

Formaliza-se a interpretação a partir da posição esquizo-paranóide e da posição depressiva, sempre para pôr o paciente em posição depressiva. O analista tem que prestar atenção à mente do paciente antes de formalizar um nome para uma experiência. Se o paciente tem a mente em posição esquizo-paranóide, o nome que o analista tem de dar é o nome com que a mente em posição esquizo-paranóide vê a realidade. Não é a realidade que se interpreta, é o nome da posição esquizo-paranóide que faz ver a realidade por aquele ângulo.

Pode-se ainda formalizar a interpretação a partir do ângulo em que queremos que o paciente veja. Podemos ver o nome da experiência a partir do ângulo emocional do paciente ou pode ver-se o nome da experiência a partir do ângulo do objecto. Por exemplo "A razão pela qual você vive isto com a sua mãe é a mesma pela qual você bate na sua mulher".

Em síntese pode-se ter as seguintes formas de formalizar a interpretação:

- Do passado para o presente;
- Do presente para o passado;
- Do campo da relação analítica para fora da relação analítica;
- De fora da relação analítica para dentro da relação analítica;
- De objectos fora da análise com objectos da análise;
- Objectos do passado com objectos do presente.

É preciso não esquecer que cada uma destas formas pode ser operacionalizada em posição esquizo-paranóide ou depressiva que são pontos de observação da experiência, assim como a conjunção constante a partir da qual o paciente estruturou as experiências.

O tempo só se alonga no tempo neurótico, pelo que, quando o paciente se projecta no futuro é porque só existe presente. Quando as pessoas se projectam totalmente no futuro estão "loucas". Uma coisa bem diferente é a esperança. A esperança é a convicção na capacidade de gerar futuro.

No campo de experiências, os elementos sobre os quais vai incidir a interpretação são escolhidos a partir dos significantes, a partir dos factos relevantes, mas deve-se sempre tentar pôr a interpretação fora do território do conflito em que o paciente está envolvido, para que a interpretação possa colher o paciente de surpresa.

Para gerar o efeito surpresa é preciso que a interpretação pegue nos significantes e nos factos relevantes e os coloque de uma forma tal que retire o paciente do ponto em que ele se encontra. Gera-se o efeito surpresa se, de repente, somos capazes de pôr o paciente num outro lugar. O paciente está a falar da mãe e o analista fala-lhe da mulher; o paciente está a falar da mulher e o analista fala-lhe da mãe. A formalização da interpretação também implica deslocar o campo da formalização da interpretação para fora do contexto do conflito que está a ser expresso/vivido pelo paciente, para criar o efeito surpresa.

Para gerar o efeito surpresa as sessões de análise podem ser vistas como sonhos, enquanto que os sonhos podem ser vistos como realidade. Se um paciente diz que sonhou que matou o pai e o analista ouvir isso, como um facto, o analista fica mais capaz de entrar em contacto com a emoção do paciente de ter morto o pai, mas se o analista disser que é um sonho desqualifica essa emoção. Freud achava que sonhar e viver são duas formas, mais ou menos, parecidas de fazer as coisas. O paciente conta-nos um sonho e nós vemo-lo como vida; o paciente conta a vida e nós vemo-la como sonho. E, por vezes, também se pode ver a vida como vida e o sonho como sonho.

Há ainda uma outra dimensão da formalização da interpretação. A interpretação é também do domínio da retórica, isto é, trata-se de um discurso que tem a arte de convencer. Se o analista não tem a arte de formular uma interpretação, ela não serve para nada. Con-vencer são dois ao mesmo tempo; não é vencer ninguém, é convencer. A arte da retórica é aquilo a que Bion chamava a dimensão estética do discurso. A interpretação tem de ser sempre adequada, ajustada e metaforizada para um nível em que o paciente seja capaz de a conter e de a assimilar.

Formula-se um objecto de interpretação, leva-se em consideração o tempo da interpretação e só depois se formaliza a interpretação. A formalização da interpretação é o momento final em que se comunica ao paciente. Se o analista respeitar o tempo, tiver um objecto e formalizar correctamente, então a interpretação é bem conseguida.

Uma outra preocupação do analista deve ser a da verificação/validação da interpretação, verificar se a interpretação era ou não correcta. O paciente dizer-nos que uma determinada interpretação não está correcta, não significa necessariamente que ela esteja incorrecta. O paciente pode negar uma interpretação e isso ser uma forma de a afirmar. (Freud, 1925 "A Negação") O paciente pode dizer que uma interpretação não está correcta e seguidamente, produzir uma associação que mostra que ela estava correcta. O paciente pode dizer que uma interpretação está correcta e seguidamente, mostrar que essa interpretação era completamente incorrecta. O paciente pode dizer que uma interpretação é correcta e ela ser de facto correcta. O paciente pode não dizer nada e isso ser uma forma de se escudar completamente da interpretação.

Verificar se uma interpretação é correcta implica tolerância à dúvida, em primeiro lugar, na mente do analista. O analista move-se no campo semântico, que é sempre um campo probabilístico, pelo que a tolerância à dúvida é essencial, sem ela a psicanálise é impossível. O analista tem, necessariamente, de ser capaz de tolerar a dúvida que emerge no momento em que decide obscurecer algo ou fazer luz sobre algo, ou ainda, comunicar algo ao paciente. A *Via di levare* implica a dúvida.

O campo semântico entrecruza-se com o conceito mítico-histórico-narrativo. Há uma relação entre o mito e a narração, na medida em que o mito é já uma narração, é a narração de qualquer coisa que nunca se pode saber. O sistema mítico-histórico-narrativo é um sistema em aberto, é um sistema transformável e em permanente abertura, por isso é que se mantém como pano de fundo de qualquer interpretação. Como pano de fundo de qualquer interpretação, encontramos, em maior ou menor quantidade, sempre o problema da narração, ou da estrutura da narrativa que o sujeito nos conta. A história que o paciente nos conta, desdobrada, transformada, articulada, organizada é da ordem mítica.

A narração – MHN [11] – é um sistema em aberto que nos é trazido pelo conteúdo (♂), é recebida em continente (♀) e é transformada em continente-conteúdo (♂.♀). Já afirmei que o instinto epistemológico de morte pode existir em ambas as partes, no analista e no

---

[11] Sistema Mítico-Histórico-Narrativo

analisando. Penso que o instinto epistemológico de morte é característico das mentes que têm dificuldade em abrir o sistema narrativo ao questionamento. Por outro lado, o fundo narrativo em que se insere a interpretação é sempre da ordem da transformação, tanto mais que todas as transformações são trazidas pelo paciente. Bion identifica na sua teoria das transformações, 3 tipos de transformações: transformação em movimento rígido, transformação projectiva e transformação em alucinose. A transformação em movimento rígido é uma transformação tipicamente neurótica onde nos é possível perceber a invariante da qual parte; na transformação projectiva a invariante deixa de ser reconhecida no produto final e na transformação em alucinose dá-se, inclusivamente, perturbação da percepção e o material comunicado aparece completamente deslocado ou cindido do pensamento e com a forma aproximada do funcionamento alucinatório. Em todas estas transformações há uma invariante em transformação.

O analista deve procurar sempre a invariante do paciente, porque foi a partir de uma invariante do mundo mental que a comunicação que o paciente fez, se organizou. Bion na sua obra "Transformations", diz-nos que é o Tαp (transformação alfa do paciente) – ou seja, o que se passa no meio mental do paciente –, que se transforma em Tβa (transformação beta do analista) –, isto significa que é o Tβp (transformação beta do paciente) que é a invariante do analista, é a matéria de onde o analista parte como "alfa" para começar a pensar.

Abordei já muito o problema da escolha dos significantes, insisti muito na relação entre os significantes e os factos relevantes, mas há uma coisa que é essencial em toda a interpretação, até mesmo em qualquer intervenção que se faça em análise; uma interpretação/intervenção que não leve em linha de conta as invariantes do paciente é sentida, pelo paciente, como uma psicotização da mente. Introduz uma confusão a que o paciente não tem acesso porque não tem mecanismos cognitivos nem recursos emocionais para poder fazer seja o que for com algo que não lhe pertence. Uma grande parte da análise, a primeira parte do processo analítico, pode destinar-se à descoberta das invariantes do paciente ou àquilo a que Lacan chamaria a descoberta dos fantasmas fundamentais. A teoria do fantasma fundamental de Lacan está próxima da teoria das transformações de Bion.

A relação das invariantes e as suas transformações delimita as áreas que devem pertencer ao analista, mas que em boa parte também devem ser compreendidas pelo analisando. Freud diz-nos que podemos comparar o processo psicanalítico a uma viagem de comboio, a pessoa chega, compra o bilhete e estuda o mapa por onde vai passar, estação X, Z e Y e depois mete-se no comboio e vê a paisagem. Esta metáfora é muito boa para descrever algo de fundamental num processo analítico. A primeira parte de uma análise é a descoberta das invariantes, através do trabalho da interpretação, é o trabalho do levantamento da viagem de comboio, marcamos as cidades psicológicas por onde se vai passar, o próprio analisando compartilha connosco esta experiência de descoberta.

Não creio que uma análise se possa fazer sem esta dupla condição; nos pacientes que são verdadeiramente analisáveis e que são capazes da comunicação analítica, levar o paciente a compartilhar connosco a experiência da descoberta das invariantes facilita a visão binocular porque duas pessoas vão-se interrogar. Ver uma cidade pelos olhos de uma pessoa é uma coisa, ver uma cidade pelos olhos de duas pessoas é também outra coisa. Esta proposta de Freud, parece-me ainda hoje excelente, uma primeira parte do trabalho analítico serve para levantar tudo aquilo que constitui a conjunção emocional do paciente, levantar a estrutura das invariantes do paciente, sendo apenas num segundo tempo da análise que se faz, de facto, a viagem.

Já referi, anteriormente, que a formalização da interpretação deve respeitar a estrutura dos significantes que organizou o discurso do paciente, mas para além disto, a interpretação pode revestir-se de um conjunto de formas: (a) as analógicas, (b) as conceptuais, (c) as causais, (d) as históricas, (e) as teleológicas ou revulsivas (ensaiam uma revolução no pensamento), (f) as metafóricas e (g) as simbólicas.

Subjacente a todos estes tipos de formalização da interpretação temos aquilo a que chamei a Analogia e o Espelho. Muitas destas formas são subformas da analogia. São contudo subformas bastante bem delimitadas.

A **interpretação analógica** é o modelo conceptual que nos permite fazer o seguinte: o paciente diz algo (algo como X) a propósito da relação de objecto (sobre a mãe, por exemplo) e o analista constrói uma analogia entre o discurso que o paciente produziu a propósito do objecto mãe (X) e um outro objecto--situação não referida pelo paciente, por exemplo: "A maneira como você vê a sua namorada, a sua mulher, a sua filha, (X) é a mesma como você via a sua mãe no passado". X representa a descrição que o paciente traz para o campo da consciência. Esta forma de interpretação é englobante, na medida em que subjacente ao modelo da interpretação analógica, encontramos o padrão dos modelos de interpretação.

A interpretação analógica procura qualquer coisa de um lado e de outro, pondo em evidência as semelhanças e leva o paciente a pensar nessas semelhanças. Através da analogia, da comparação isola-se a semelhança. O paciente passa a poder entrar em contacto com uma regularidade do seu funcionamento psicológico, porque ele se torna evidente. A procura de uma regularidade é apanágio da interpretação analógica. Quando interpretamos o modo de defesa do paciente, ele mais cedo ou mais tarde irá perceber que produz um evitamento ou que introduz um deslocamento, ou que isola um afecto do ponto de vista emocional, se for, por exemplo, um obsessivo.

As **interpretações conceptuais** baseiam-se em constructos teóricos, abstracções. Os mecanismos de defesa do ego são abstracções e o analista serve-se deles para construir modelos científicos sobre a forma de pensamentos, que permitem clarificar alguns dos aspectos do funcionamento mental do paciente. Na neurose obsessiva os mecanismos de defesa predominantes são o isolamento do afecto, a ambivalência, a anulação retroactiva, entre outros. Estas abstracções, porque têm um nível operacional muito eficaz podem ser comunicadas ao paciente enquanto interpretações. São as interpretações conceptuais. Na interpretação conceptual é, por exemplo, mostrado ao paciente como ele tende a isolar as emoções num determinado contexto e podemos mostrar-lhe como este isolamento da emoção é uma regularidade do seu funcionamento psíquico.

A interpretação conceptual tem como fundamento, como de resto todas as interpretações, o sistema mítico-histórico-narrativo do sujeito, posto que é integrada tendo em consideração o conjunto dos funcionamentos mentais que subjazem às invariantes da organização psicológica do analisando. As interpretações conceptuais podem ser operacionalizadas como interpretações mutativas.

As interpretações analógicas fundam o sistema indagatório. A interpretação conceptual funda, no máximo, o sistema notativo ou um sistema de atenção sobre o material. Fazer notação é dizer, você isolou aqui o afecto e isolou-o ali, o que é que você pensa sobre isso? A experiência é apenas notada. É curioso que você fez isto e fez aquilo, o que é que pensa sobre isso? Atenção → Indagação (da Atenção passa para a Indagação). Quer seja a experiência notativa ou de atenção, podemos dizer que a interpretação conceptual só é útil quando é utilizada no domínio da notação. A interpretação conceptual não tem capacidade indagatória porque o conceito é um elemento saturado do ponto de vista cognitivo. É uma abstracção, mas simultaneamente é saturado de um elemento conceptual, pelo que só pode, portanto, ser usado como experiência notativa.

A interpretação conceptual é, contudo, usada muitas vezes na experiência disjuntiva do discurso do paciente, para agrupar sob um mesmo conceito, regularidades de defesas de que o paciente se pode dar conta.

A interpretação conceptual é um tipo de interpretação que explora a relação entre a experiência conceptual e a experiência relacional. Num primeiro tempo, a interpretação conceptual pode ser dada para utilizar a defesa; num segundo tempo, pode-se articular o modo de defesa como conceito com o objecto Y e num terceiro tempo, pode-se mostrar a tendência para utilizar com objectos análogos a Y o mesmo modo de funcionamento. Por exemplo, o paciente tem um temor obsessivo à homossexualidade e sempre que um amigo se aproxima e lhe põe a mão por cima do ombro, ele tem a tentação de fazer como o espanhol "tira la mano que no es mi hermano" surgindo-lhe imediatamente o pensamento: "está a pôr-me as mãos em cima, mas ele pensa que eu gosto de homens?!" – defende-se com uma certa masculinidade caricata que muitos obsessivos têm. O mecanismo é isolado por nós, como um mecanismo que o paciente revela, como forma de se defender de um impulso inconsciente de um fantasma homossexual que teme intensamente e que está dentro dele. Depois o paciente conta-nos que foi a um bar e que se sentiu incomodado com outros homens que estavam na mesa de trás. E o analista pode dizer-lhe: "Você lembra-se daquilo que nós falámos a propósito de...", o modelo do conceito pode ser utilizado como uma interpretação pura e aí já não ao nível da indagação, mas como uma experiência proto--indagatória, a pessoa começa a poder utilizar um conceito como experiência indagatória.

A analogia é estabelecida principalmente em dois sistemas. O primeiro sistema, contempla as interpretações a, b e c e o outro sistema, as interpretações d, e, f e g. Encontram-se as regularidades, comunica-se a semelhança entre elas e formula-se uma interpretação analógica. A interpretação analógica pode ser feita em toda a variante do sistema; pode ser feita inclusive na relação continente-conteúdo e objectos externos; pode ser feita entre objectos externos, pode ser feita entre objectos do passado e objectos do presente. A analogia é a rainha das formas interpretativas, mas a interpretação conceptual é, na minha opinião, um tipo de interpretação muito importante na área notativa porque a notação ajuda o paciente a criar a função psicanalítica da personalidade, isto é, a capacidade que a pessoa tem de se dar conta dos processos mentais envolvidos nos seus modos de funcionamento.

As interpretações conceptuais desde que bem formuladas ajudam o paciente a desenvolver a função psicanalítica da personalidade, por exemplo, "lá está você a não querer sentir..." é uma interpretação/experiência notativa. "Você evitou aqui e evitou ali, é curioso! O que é que você pensa sobre isso?" Estimula a experiência de atenção à experiência notativa. Pode-se também formular esta regularidade de outra maneira: "é curioso que você no bar tenha tido sentimentos semelhantes àqueles que já tinha referido anteriormente. Lembra-se? Quando eu lhe falei do isolamento do afecto? O que é que você pensa sobre isto?" Aqui a interpretação/experiência é proto-indagatória porque permite indagar/investigar a relação daquele homem com os homens. A interpretação conceptual é, por tudo isto, bastante importante.

As **interpretações causais** são interpretações que se organizam com base nas construções temporais. A temporalidade psicanalítica supõe a construção, em primeiro lugar, de um senso-comum psicanalítico, como foi anteriormente referido. A interpretação causal, seja em que nível for, supõe portanto a construção entre duas pessoas que estão envolvidas num processo de análise, do senso-comum psicanalítico, ou seja, ambos ficam aptos para a partilha de uma experiência que é a experiência da comunicação própria da psicanálise e que permitiu a construção do senso-comum psicanalítico.

Quando o senso-comum psicanalítico foi construído, toda a interpretação causal que for feita fora da área do senso-comum psicanalítico, apenas tem valor como intelectualização defensiva. É uma "interpretação" que funciona como uma defesa racionalizante contra o emergir do próprio processo e é, obviamente, obstrutiva. É axiomaticamente impeditiva do processo de construção da mente do analisando.

Tenho uma grande tendência a só comunicar muito tardiamente construções causais ao paciente e também só muito tardiamente trabalhar com interpretações causais. Só faço interpretações causais quando tenho algumas formas, com peso e sustentação nas regularidades do paciente, só então nessas alturas me permito fazer uma interpretação causal. Uma interpretação causal só vale, só conta, só funciona se houver senso-comum psicanalítico. Antes de estar instalada a experiência analítica, essa viagem de que falámos anteriormente, temos de criar uma experiência do senso-comum, uma experiência do senso-comum entre dois humanos. Se a experiência analítica ainda não está instalada, é enlouquecedor, se a pessoa ainda não percebeu o "linguajar" da análise, esta forma peculiar de estar entre dois humanos, é completamente contraproducente e "enlouquecedor" comunicar interpretações cujo nível de contacto emocional é muito baixo.

A interpretação tem sempre quatro vias: transferência, transmissão, emoção e significação. Se a significação não tem o aporte da emoção subjacente e não é desintoxicada, se o analista não utiliza a própria transferência como elemento de análise e apenas a utiliza como "tela", como fazem a maior parte dos outros psicoterapeutas, é evidente que a interpretação terá apenas um valor racionalizante. A interpretação causal (c) tem uma característica própria, já que todas as outras interpretações (a) analógica, (d) histórica, (b) conceptual, etc., mantêm alguma relação com a causalidade. Refiro-me, obviamente ao conceito de causalidade freudiano, porque a causalidade em Freud não é linear, ele refere-se ao sintoma como sendo sobredeterminado o que nos obriga a conceber um modelo supra-sistémico para abarcar a complexidade da rede causal onde o sintoma se insere.

A interpretação causal é aquela que toma para si um modelo analógico à causalidade linear. Por exemplo, o paciente tem uma "misconception[12]" de uma vagina, tem, por exemplo, um fantasma de uma vagina dentada e por isso, o paciente tem uma ejaculação precoce. Teme que a vagina da mulher seja uma espécie de órgão devorador de pénis e que o vá morder, danificar, etc. A multitude de significações que estão envolvidas neste conceito de vagina dentada são tão diversos como: o sadismo oral, o deslocamento do sadismo oral da boca para a vagina, etc. Há imensos conceitos contidos em cada um destes conceitos, cada um destes fenómenos (fantasmas) é meta-determinado. Quando isolamos um conceito como o de vagina dentada e ele é comunicado ao paciente, o paciente produz um

---

[12] Termo utilizado por Roger Money-Kyrle para se referir ao "mal entendido".

"insigth" como o terror de devoração do pénis pela vagina e nós podemos comunicar a interpretação a um nível linear como uma causa e um efeito. Poderia ser comunicado algo como "Você teve mais uma vez um fantasma de ser devorado pela vagina de X, pelo que você nem conseguiu penetrá-la, ejaculando-se precocemente no vestido dela". Isto é apenas uma exemplificação, jamais faria uma interpretação deste tipo nestas circunstâncias.

A causalidade linear é uma interpretação que se pode usar desde que esteja muito bem isolada a correlação entre as duas coisas, o que é o efeito da área do sintoma e qual é a causa, como uma área insaturada onde ela está localizada. Vagina dentada é uma área transformável, não é vagina dentada, é todo um trabalho anterior que está contido no conceito de vagina dentada.

Depois temos as **interpretações históricas** (d). As interpretações históricas são subdivididas em (d1) interpretações históricas das recordações dos pacientes e (d2) as interpretações históricas das recordações que são contadas aos pacientes. São tão utilizadas umas como outras. Como exemplo de uma interpretação histórica podemos conceber uma qualquer situação em que o paciente nos conta um episódio, do qual se recorda ou que lhe foi contado por outros – por exemplo quando familiares próximos contam episódios que se passaram com o paciente, mas ele era demasiado novo para se poder recordar deles – e posteriormente podemos relacionar esse episódio com uma determinada emoção contratransferencial.

Tive uma paciente que desnudou os seios perante mim, disse-me: "tive um sonho, mas não lhe posso contar o sonho. Não há como contar o sonho. No sonho eu trazia esta bata e chegava aqui e tirava a bata e estava nua por debaixo". A paciente descreveu o sonho e fez precisamente o que descreveu. Trazia uma espécie de camiseiro, abriu-o e sentou-se à minha frente com os seios nus e disse-me – "Olhe para estas veiazinhas azuis que tenho aqui no seio ou nunca mais cá volto". Na altura não me foi possível perceber a atitude da paciente e não soube como interpretá-la, mas hoje percebo que lhe deveria ter dado uma interpretação histórica. A paciente tinha-me contado, muito tempo antes deste episódio, que quando era miúda lhe tinham contado que quando ela era bebé não comia, não mamava, nem tomava o biberão vendo a pessoa, tinham que lhe pôr um pano, furar o pano, pôr o mamilo através do pano ou o biberão através do pano e só assim é que ela mamava. Assim mamava tudo. Vendo a pessoa que a alimentava ela não conseguia comer. Desta forma percebe-se que ela em bebé tinha um horror brutal ao humano. A interpretação deveria então, ter sido formulada na área da contra-identificação projectiva. A paciente tentou utilizar o analista, como uma área que poderia ser definida por: "sinta agora aquilo que eu senti. Veja como o seio pode ser uma coisa horrível, como a experiência de ver o corpo humano pode ser destrutiva, violenta e traumática para uma pessoa. Se você for capaz de experimentar esse horror que eu experimentei na minha infância, você poderá compreender esse horror como um horror meu". O analista deveria interpretar a contra-identificação projectiva e formular a interpretação enquanto interpretação histórica. Não me foi na altura possível interpretar desta forma, mas há muito a aprender com os nossos erros.

Muitas interpretações são, inclusivamente, erros compartilhados entre analista e analisando. Construímos um processo a um certo nível e compartilhamos esse erro e depois, num segundo tempo, analista e analisando verificam que sobre o mesmo material não tinham visto esta ou aquela parte da situação. É a isto que eu chamo teoria do erro compartilhado, mas para que haja a possibilidade de utilizar o modelo do erro compartilhado é preciso que o par tenha capacidade de visão binocular, tolerância à dor mental e procura da verdade.

Estou plenamente convicto que se eu tivesse tido a capacidade de me lembrar, naquele momento daquilo que a paciente me contou sobre uma coisa que se tinha passado com ela, que ela não recordava, mas que lhe tinha sido contado que a interpretação histórica teria tido um valor indiscutível.

Quando trabalhamos com a interpretação histórica não devemos somente utilizar as recordações que o paciente trás conscientemente, mas também as recordações que lhe foram contadas por familiares, amigos de família, irmãos, etc., porque a articulação vincular na mente do paciente entre a recordação contada ou vivida e os modos de associação das organizações complexas cognitivas que se fazem em volta delas, valem igualmente umas e outras. As interpretações que se baseiam na reconstrução dos primeiros meses de vida são, obviamente, interpretações históricas. As interpretações que se baseiam nas vivências dos primeiros tempos de vida, não vêm de material recordado pela pessoa, mas de acontecimentos contados às pessoas sobre momentos da sua infância. Como material de interpretações históricas pode ser utilizado na análise, para além das recordações que o paciente traz para a análise, recordações indirectas contadas por outras pessoas. As interpretações históricas permitem elucidar as recordações históricas que os pacientes nos trazem e identificar as falsas recordações. As falsas recordações são recordações biombo ou écran.

Considero de uma enorme importância, para a actividade clínica, a teoria das falsas recordações. A intuição de Freud de que a memória é falsa foi verdadeiramente genial. Ao longo dos anos de trabalho analítico encontrei inúmeros exemplos que confirmam esta ideia, de que a memória é falsa. Como exemplo ilustrativo posso referir um paciente que trazia da infância uma recordação de grande beleza, tinha a recordação, muito viva de um dia ir a passar, no Outono, a ponte sobre o rio Douro. O paciente tinha, perante esta recordação, o sentimento ou a ilusão de uma beleza fantástica, outonal, belíssima havia como que uma paragem no tempo, era para ele um dos momentos mais belos, a paisagem outonal, tudo era contado com uma formulação estética fantástica. Verificou-se mais tarde, através do trabalho da análise, que o dia dessa viagem tinha sido o dia em que ele foi de comboio ao funeral do pai. Ele, na altura, tinha 6 anos e a recordação da viagem tinha ficado como uma falsa recordação, fixada, parada. Aquela beleza escondia uma dor e uma angústia brutal.

Uma falsa recordação é uma recordação digna de investigação psicanalítica e é habitualmente descrita pelo paciente como uma recordação fotográfica. É uma recordação que se organiza como uma fotografia, que o paciente descreve como se fosse uma fotografia dentro da sua cabeça; é uma recordação contada como quem descreve uma fotografia. É também, habitualmente, descontextualizada de qualquer outra coisa. As recordações descontextualizadas são, na grande maioria das vezes, recordações écran, biombo ou encobridoras e a forma mais adequada de as investigar é utilizando interpretações históricas. Este material, as recordações deve ser guardado com muita atenção porque ir-se-ão, com toda a certeza, encontrar sobre ele muitas outras coisas. Denomino-as de interpretações históricas porque em investigação o analista deve ser capaz de "subverter" a memória inconsciente.

INTERVENIENTE – Subjacente às "falsas memórias" coloca-se a questão da verdade e da falsidade. Penso que não se pode ter sobre este assunto um pensamento dicotómico, não se trata de uma coisa a dois tempos. A verdade é a verdade para o paciente. Considero fundamental a discussão dos vários conceitos de verdade, para compreender o conceito de "falsas memórias". Com que conceito de verdade é que nós lidamos em psicanálise, reflectir sobre isto faz com que se vá desvelando e revelando algumas coisas e, simultaneamente, velando outras. Quando nós reflectimos sobre os sonhos de Freud, conseguimos compreender outras coisas que ele não viu. Até que ponto é que se trata de ocultação deliberada ou de mentira? A mentira é uma categoria moral, logo implica que haja uma condenação. Claro que palavras apenas valem o que valem, mas há que ter atenção para não reificar as palavras, a mentira não é sempre uma espécie de má fé. A verdade a que nós podemos aceder numa dada altura é diferente da verdade a que podemos aceder noutra.

Concordo, obviamente que o paciente não está a ser mentiroso quando nos apresenta uma falsa memória. No caso referido havia uma dor psíquica que era a enorme dor da perda do pai.

INTERVENIENTE – Penso que o conceito de fantasia resolve essa dicotomia. Subjacente à ideia de "falsa recordação" encontra-se a noção de verdade, parte do pressuposto de que existe uma realidade em si, como se o enunciado fosse também uma adequação ao real, quando de facto não é, nós apenas nos aproximamos da realidade.

Estou inteiramente de acordo, mas isso não retira pertinência à interpretação histórica, nem diminui a importância de se investigar as falsas recordações.

As interpretações históricas só se podem fazer a partir das recordações que o paciente traz, podem-se utilizar mesmo aquelas que não sejam dele, mas que lhe foram contadas. Desta forma, as recordações muito precoces não são possíveis a não ser através daquilo que é contado ao paciente e estas recordações podem e devem ser utilizadas. Isolei, nas interpretações históricas, as falsas recordações, as recordações écran e as recordações biombo porque se constituem como um subtipo ao qual, muitas vezes, não prestamos a devida atenção e por vezes contém mecanismos internos muito poderosos.

Um outro tipo de interpretação é a que denominei de **Teleológica** ou **Revulsiva.** É uma interpretação que catastrofiza o discurso e o pensamento do paciente. A interpretação Teleológica tem vários subtipos, a interpretação ostensiva é uma dessas subformas. Lacan utilizava muito frequentemente um tipo de interpretação em que fazia deslizar o significante e dessa forma tornava visível o funcionamento inconsciente, é um tipo de interpretação que se enquadra também no tipo teleológica, porque é uma interpretação que faz reaparecer, a uma luz totalmente nova, o discurso do paciente.

Com as interpretações Teleológicas dá-se uma espécie de revolução no discurso do paciente. Este tipo de interpretação é acompanhada de um nível de ab-reacção emocional muito alto por parte do paciente. Tive uma paciente em análise que tinha uma frigidez e que tinha ao mesmo tempo um poderoso narcisismo fálico. Uma vez a paciente descreveu-me de uma forma muito circunstancial as notas que tinha tido na faculdade, 18 a isto, 19 àquilo e perguntou-me: "O que é que acha das minhas notas?" E eu respondi-lhe "20 a garganta, 0 a vagina". Esta interpretação foi uma interpretação revulsiva, já que pôs subitamente e numa outra perspectiva a relação entre duas coisas; o narcisismo da paciente e a sua frigidez vaginal. A paciente ficou a perceber, de uma forma radical, aquilo que era por um lado o seu narcisismo, (todo o seu dizer narcisista com o qual ela passava todo o tempo a intoxicar a análise) e a sua frigidez sexual, que era o sintoma que a levou a procurar a análise. Estes dois factos psíquicos – o problema do narcisismo e o problema da frigidez – estavam totalmente dissociados na mente da paciente. A interpretação foi revulsiva porque subitamente tudo girou na mente da paciente e apareceu a uma nova luz. É uma interpretação catastrofizante.

A interpretação teleológica, revulsiva ou catastrofizante obedece ao modelo da mudança catastrófica, o que significa que tem necessariamente 3 componentes fundamentais: (1) a invariante, (2) a subversão e (3) a violência. A interpretação teleológica é sempre violenta para a estrutura, para as defesas do sujeito. O sistema de defesas do sujeito é abalado pela interpretação teleológica. É subversiva porque subverte o funcionamento mental da pessoa. E respeita as invariantes, porque elas eram conhecidas antes da interpretação e mantém-se depois da interpretação. A pessoa que foi interpretada está contida no antes e no depois da interpretação. Esta interpretação respeita a tripla condição da mudança catastrófica. Este tipo de interpretação é aquele que mais se aproxima das transformações em "O" de Bion, ou seja, das transformações na realidade última do paciente. São interpretações que geram uma grande intensidade dramática porque são formuladas de tal forma que o paciente é violentamente posto em contacto com a sua realidade última. São geradoras de uma grande violência emocional.

Melanie Klein dizia que certas interpretações são acompanhadas de uma intensa catarse ou ab-reacção pela natureza do aspecto emocional que se encontra envolvido na própria interpretação. Como afirmei anteriormente a aproximação maior às transformações em O, obtém-se pelas interpretações teleológicas; já que esse O (a realidade última como suposto) nunca pode ser "tido", só pode ser um caminho.

O tempo da interpretação teleológica deve ser avaliado com cuidado; dar uma interpretação deste tipo ao fim de 3 meses de análise pode ser prematuro e ter um efeito contraproducente.

As **interpretações Metafóricas** e simbólicas são interpretações em que se faz a utilização de um nível puramente metafórico ou parabólico, isto é, com utilização da parábola. Por exemplo, quando um paciente discursava longamente sobre quem são os responsáveis pelos mal-estares da família; na essência tratava-se de um discurso vazio, a certa altura, disse-lhe: "lembra-se da frase com que Kennedy tomou posse como presidente dos Estados Unidos?". O paciente ficou espantado e respondeu: – "Não estou a perceber?", e eu disse-lhe: "Ele disse não te preocupes apenas com o que a América pode fazer por ti, preocupa-te também com o que podes fazer pela América. O que é que você acha se aplicasse isto à sua relação com a sua família?". Nesta interpretação transportei o discurso projectivo do paciente para um nível distante, ou seja, a interpretação teve um efeito disjuntivo do discurso do paciente. O paciente estava envolvido num discurso projectivo, acusatório daquilo que a América/família não fazia por ele e a interpretação metafórica (com utilização da parábola, da recordação de acontecimentos históricos ou simplesmente histórias), coloca-o noutro ponto de vista.

Por último, as **interpretações Simbólicas** são aquelas que lidam com símbolos puros e símbolos construídos na análise. A interpretação simbólica, por excelência, é aquela que isola o símbolo psicanalítico. E o símbolo psicanalítico é aquele que resulta da construção do objecto psicanalítico modificado. O objecto psicanalítico modificado, por sua vez, resulta do que se isola, como facto relevante, de um determinado discurso da pessoa. Esse facto relevante passa a ter um nome, como experiência de generalização. Por exemplo, "E naquele momento percebi o olhar da minha mãe como um olhar assassino". Este olhar da mãe pode ser a generalização de um sentimento paranóide, de ser visto e olhado por outras pessoas e isto pode ser visto como um símbolo e ser comunicado apenas a este nível: "lá está o olhar da mãe". É um objecto psicanalítico modificado que ganhou um valor simbólico construído na análise. Tal como a lua serve para designar o feminino, o sol para designar o masculino, também os elementos que resultam da interpretação psicanalítica adquirem valor de símbolo.

Para criar uma interpretação simbólica precisamos de um objecto psicanalítico modificado que se cria a partir das coisas que o paciente nos comunica (acontecimentos, sucessões de vida, emoções transferenciais, etc.). Há medida que estas comunicações vão sendo feitas, o analista, vai-se permitindo entendê-las; e subitamente, num encontro psicanalítico, um determinado momento de vida, uma determinada forma de reagir, uma determinada história contada, um determinado acontecimento, um determinado sonho, ou qualquer outra coisa, condensa na sua própria formulação, a conjunção constante do paciente. É uma condensação que contém a conjunção constante do paciente. A evocação pela palavra dessa conjunção constante (habitualmente condensada numa pequena frase ou palavra) contém toda a experiência emocional que foi trabalhada e vivida ao longo do processo analítico e pode servir como interpretação. É uma interpretação deste tipo "O olhar da mãe" ou "lá está a boneca". Tive uma paciente que tinha uma boneca que lhe fazia companhia e à qual ela tirava os braços e realizava fantasias sádicas. A relação sádica com o objecto que lhe fazia companhia estava condensada naquela boneca, portanto quando ela me contou a história em que isto aparecia – o sadismo e a relação de dependência –, interpretava fazendo referência à boneca que tinha um significado particular para a paciente, a referência à boneca, "lá está a boneca", era introduzida como pontuação do discurso; evocativa de todas as conjunções constantes emocionais que estavam organizadas e estruturadas previamente.

As interpretações analógicas, conceptuais, causais e as históricas podem ser vistas como interpretações de K, ou seja do conhecimento enquanto que as teleológicas, as metafóricas e as simbólicas podem ser vistas como transformações de O em O, isto é, como transformações que permitem observar, prestar atenção à realidade última do paciente. De acordo com esta proposta "Eu sou Édipo" e "Eu sou Deus", podem ser vistas como metáforas que "retratam" respectivamente a neurose e a psicose e, simultaneamente são as que mais se aproximam das transformações de O em O.

Em síntese, podemos dizer que a formalização da interpretação pode respeitar três grandes níveis: o nível Notativo, o nível da Atenção e o nível Indagatório.

A interpretação pode ser puramente notativa ou mista. A interpretação simbólica, por exemplo, é notativa e indagatória da experiência e por isso mesmo é uma interpretação muito forte. Nota a experiência e simultaneamente indaga toda a experiência da vida do sujeito. O analista deve construir, em qualquer processo analítico, uma ou duas interpretações simbólicas que irão servir para todo o processo.

A grande maioria das interpretações que o analista faz ao longo de uma análise são ou notativas ou levam à indagação. A interpretação notativa é aquela que nota/regista a experiência. A interpretação notativa ou da atenção pressupõe a existência de um aparelho mental capaz de as conter. As construções devem ser utilizadas principalmente em pacientes que não têm construções algumas, pacientes que precisam de uma ortopedia completa da sua história, é o caso de pacientes que estão fragmentados, dissolvidos, deteriorados, desorganizados, psicotizados, etc. Estes pacientes – psicóticos ou borderline graves – precisam de uma história mas não a conseguem construir sozinhos pelo que a interpretação elaborada no campo hipotético da construção tem que ser sistematicamente comunicada ao paciente, desta forma promove-se uma ortopedia do self. São o tipo de pacientes que mais precisam de uma construção, porque não trazem construções, não têm uma verdadeira narrativa, têm apenas uma narrativa fragmentada, partida, dilacerada, delirada, comunicada pela identificação projectiva patológica.

A criação de uma história, a organização de uma construção é, portanto, muito mais importante nos pacientes psicóticos, do que nos pacientes neuróticos. Usa-se muito mais a interpretação notativa e de atenção nos pacientes neuróticos, porque são pacientes a quem podemos desequilibrar o sistema, só para observar o que é que acontece, porque perante a interpretação o paciente vai pôr a mente a girar e tentar encontrar qualquer coisa.

Com os pacientes borderline e psicóticos as interpretações notativas e de atenção podem ser muito desafrentadoras da mente, porque eles não tem condição para trabalhar sobre a área da notação sozinhos, podem-se perder num mundo de perplexidades, de significações contraditórias, de angústias confusionais muito intensas. As interpretações mais adequadas para estes pacientes são interpretações sistemáticas da reconstrução que promovem uma ortopedia da sua história – dado que eles não têm uma narrativa que sustente a clivagem –, neste campo é mais fácil comunicar e o processo analítico é mais integrado. A fragmentação nestes pacientes é brutal e o analista tem que fazer qualquer coisa.

Se analisarmos detalhadamente a interpretação que Freud deu, e que referi anteriormente, em que o paciente está envolvido numa vivência quase alucinatória terrível, em que se imagina a copular a irmã e a mãe em sonhos; Freud perguntou-lhe se ele tinha arranjado uma namorada recentemente e o paciente confirmou que realmente tinha uma namorada recente, Freud então mostrou-lhe como a nova namorada estava implicada no sonho, e esse era o motivo pelo qual o paciente estava a sonhar com a sua sexualidade. Com esta interpretação, Freud retira o paciente de uma angústia brutal e fornece-lhe uma capacidade de lidar com a angústia. É pela mesma razão que eu nos pacientes psicóticos tento reconstruir uma história.

Um analisando de Klein, Clifford York relata um episódio interessante que se passou na análise dele, Klein utilizava muito a interpretação na transferência, mas um dia quando ela lhe forneceu uma interpretação, ele ficou muito confuso, ela, então deu-lhe uma segunda interpretação com o mesmo material, mas ele continuou sem entender e de repente ouviu-a a escrevinhar, lá atrás do divã. Quando ele saiu, ela entregou-lhe um papel e disse-lhe: "era isto que eu lhe queria dizer, pense nisto e encontramo-nos na segunda-feira". Mais tarde, Klein explicou-lhe que ele se encontrava num momento muito angustiante, num estado muito próximo de uma angústia primitiva, e nesse estado uma racionalização é organizadora e foi isso que Klein lhe forneceu.

O que estou a ensinar-vos, parecem os pecados mortais dos grandes analistas, mas na verdade é apenas um saber fazer. Muitas vezes nós temos que fazer uma ortopedia do fantasma a um nível que possa ser contenível pela mente do paciente. Do ponto de vista Bioniano, trata-se de fazer conter uma experiência a um nível em que o aparelho mental, os pensamentos possam dar conta dela.

Toda a experiência deve ser mantida na área da insaturação, mas isso só é possível quando a pessoa não se perde na insaturação. Numa linguagem metafórica poderíamos pensar no psicótico como um jogar de limites que se está sempre a perder-se nos limites, é um jogador dos labirintos, das clivagens, mas que permanentemente se perde neles. Estas pessoas precisam de um caminho para os seus labirintos. E este caminho é o processo ortopédico do ego.

A notação e a indagação são experiências para quem é capaz de caminhar numa área insaturada da mente. São as organizações da insaturação do discurso. É a *via di levare* por excelência. Não considero, contudo, que as interpretações reconstrutivas como as racionalizações para um paciente psicótico sejam forçosamente a *via di porre*, porque subjacente a elas também se deu a transformação da emoção transferencial. A boa reconstrução comunicada a um paciente psicótico passa também pela integração da experiência transferencial vivida, mas é-lhe dada como uma história coerente, com princípio meio e fim.

A interpretação indagatória, ou a experiência indagatória da interpretação propriamente dita, não é a minha proposta para as psicoses. Nas psicoses dá-se aquilo a que chamo uma reconstrução da indagação que é elaborada por conta do analista. Nas neuroses, há uma experiência indagatória que é feita em continente-conteúdo: é a indagação neurótica. Ou seja, a viagem de Corintos a Tebas em continente-conteúdo é a experiência neurótica por execelência, a *via di levare*. A experiência da reconstrução que proponho para os psicóticos, parte do analista e é comunicada ao analisando, sem que este tenha comparticipação na reconstrução. É uma experiência que parte do analista, que é da responsabilidade do analista, não há reconstrução compartilhada.

É importante perceber que a separação dos diferentes tipos de interpretações é em certa medida artificial e visa apenas a clarificação dos conceitos, pelo que não nos podemos esquecer que estas interpretações se podem encadear umas nas outras e que existe uma maior ou menor quantidade de umas nas outras.

Podemos, obviamente encontrar o tipo simbólico, em qualquer interpretação, por exemplo, é um tipo que se encontra clara e obviamente na interpretação Teleológica. Evidentemente, que toda a classificação encerra em si o risco de poder ser pensada como sendo constituída por elementos clivados uns dos outros, mas nós, os analistas temos tendência para pensar de uma forma mais transformativa do que taxinómica e portanto esse risco diminui substancialmente. Deve, contudo, ser feita esta nota, a de que a divisão das interpretações nestes tipos, não invalida que cada uma das interpretações possa conter, em maior ou menor grau, outro tipo.

Todo o modelo científico constitui um facto seleccionado, esta classificação é também um facto seleccionado que pretende dar conta de uma experiência, e como tal, não deixa de ter, como todos os factos seleccionados, todas as experiências que organizam esse facto seleccionado.

Os seis tipos de interpretações que identifiquei e que apresentei têm subjacente o facto de poderem ser enquadradas como interpretações "de K", "em K", "de O" e "em O"; ou seja, podem ser interpretações do conhecimento (de K), podem ser transformações em conhecimento (em K), podem ser procura da realidade última do paciente (de O), e podem finalmente, ser a tentativa de encontrar directamente a realidade última do paciente (em O).

O modelo tópico não foi integrado nesta conceptualização, quem desenvolveu o modelo tópico da interpretação foi Henrich Racker[13], ele propôs a divisão das interpretações em interpretações

---

[13] Racker, Henrich. Estudos sobre a Técnica Psicanalítica.

homólogas e heterologas. Destaca o facto das interpretações se dirigirem apenas a uma parte e para o facto da interpretação não poder ser assimétrica em relação à qualidade psíquica. Ou seja, tendo em consideração a tripartição da mente em Id, Eu e Super-Eu, ele isola as interpretações que se dirijam directamente ao Id não levando em linha de conta as outras instâncias e que podem reforçar uma parte do psiquismo em desfavor das outras – interpretações homólogas – das interpretações que privilegiam o Id mas que podem e devem contemplar, o Eu e o Super-Eu – interpretações heterologas. As interpretações heterologas dirigem-se ao todo e não à parte. Quando se dirigem à parte ganham assimetria em relação ao psiquismo e podem ser vividas pelo paciente como convites a acções, como convites a uma acção super-egoica –, "Julgue e aja de acordo com a sua moralidade" –, ou uma acção pulsional –, "O que você precisa é de fazer amor". Em qualquer dos casos trata-se de um convite à acção. As interpretações têm que levar em consideração a totalidade do psiquismo na sua formalização. Podemos pensar a formalização da interpretação a partir das instâncias psíquicas e podemos pensá-las também a partir da ideia da tripartição tópica, em Id, Eu e Super-Eu e sobretudo vale a pena guardar esta ideia de Racker; a ideia de que devemos ter cuidado, na formulação interpretativa para não privilegiar uma parte do self. O analista deve ter cuidado para não fazer uma espécie de "aliança secreta" com partes do self do analisando.

Os analistas que pensam a depressão como sendo uma introjecção maciça da agressividade, correm o risco de acabar por convidar o paciente a deflectir a sua agressividade para o exterior. Há uma espécie de convite que é feito ao paciente, quando o analista lhe mostra as vantagens que ele teria se, em vez de introjectar a agressividade, a pudesse extrojectar. Considero que este tipo de interpretação directa é perigoso porque não leva em consideração a culpabilidade e o masoquismo do paciente. Não leva em linha de conta a totalidade da dinâmica do funcionamento depressivo, nem o super-eu do paciente. Leva em linha de conta apenas o abuso da introjecção da pulsão agressiva que é próprio do funcionamento depressivo, mas não leva em consideração a razão pela qual a pessoa faz essa introjecção da pulsão agressiva, que é um super-eu brutalmente sádico, violento e cruel. Há, portanto, na interpretação do analista uma espécie de convite à deflecção da pulsão agressiva que aumenta muitas vezes, paradoxalmente, os sentimentos de confusão emocional do paciente. O paciente fica confuso porque racionalmente entende uma coisa, mas, paradoxalmente, sente maior conflitualidade psíquica em função da interpretação.

Há uma excepção a esta regra, e que se aplica justamente às psicoses maníaco-depressivas; a interpretação do conflito depressivo, nas psicoses depressivas, agrava o sintoma durante algum tempo. E, neste caso, o agravamento do sintoma deve ser tomado como um critério de verificação positiva do avanço terapêutico. Freud defende esta ideia nas "Construções em Análise" e eu concordo plenamente com ela. Voltarei a este assunto quando abordar detalhadamente as verificações.

Apliquei à interpretação as categorias Notativas, Indagatórias e da Atenção, que são três das categorias que se encontram no nível horizontal da Tabela conceptualizada por Bion, para além destas, Bion identifica ainda a Hipótese Definitória, o Enunciado Falso, e a Acção. No meu livro "Tabela para uma Nebulosa" (1997), adiciono uma posição intermédia que é a capacidade de Decisão. Para a formalização da interpretação só são importantes estes 3 níveis (Notação, Atenção e Indagação) porque são os que introduzem transformação na vida mental. O conteúdo da interpretação pode ser analisado segundo as categorias do eixo vertical da tabela, enquanto que a formalização da interpretação pode ser analisada/operacionalizada segundo o eixo horizontal. O conteúdo da interpretação pode ser dirigido a elementos míticos ou oníricos, pode levar em linha de conta os conceitos, as pré-concepções e todas as outras categorias. No meu livro "Tabela para uma nebulosa" desenvolvo detalhadamente os diferentes níveis da tabela e as diferentes formas em que os materiais e os introjectos podem ser interpretados. Trata-se de conteúdos das interpretações e não da formalização da interpretação. No eixo horizontal da tabela analisamos a formalização da interpretação e no eixo vertical analisamos o conteúdo das interpretações.

*
* *

A génese da interpretação está no analista. Os materiais vividos em conteúdo (♀) e em continente-conteúdo (♀ ♂) são a sustentação de onde parte a interpretação, mas a sua génese encontra-se no analista, no campo do analista. A génese da interpretação implica, obviamente duas coisas; (1) o material, o qual pode ser fáctico, anedótico, onírico, associativo, recorrente, contra-transferencial, transferencial, etc.; e (2) o modelo teórico acoplado que organiza a interpretação propriamente dita. O material do qual parte a formalização da interpretação pode vir do analista, do analisando ou da relação analítica, via transferência – contra-transferência, enquanto que o modelo teórico sustenta a interpretação. A génese do processo interpretativo ou a natureza da interpretação encontra-se no cruzamento entre o material anedótico, (chamo material anedótico porque mesmo um sonho, que é por excelência material psicanalítico, se for contado a uma pessoa que não seja psicanalista, é um material anedótico – anedótico no sentido da anedota, ou seja não é um material psicanalítico – ele só passa a ser psicanalítico pela acoplagem entre o material trazido pelo paciente e o modelo teórico que sustenta e atribui significação a este mesmo material), e o modelo teórico.

O campo da transmissão é, então, cruzado com o campo da transferência, deste cruzamento gera-se a relação entre a estrutura narrativa ou mítico-narrativa do sujeito, e a significação que lhe vai ser atribuída. A "escolha" da significação a ser atribuída depende, evidentemente, da transformação do material na génese da interpretação que se dá no campo do analista e na qual esteve implicada a identificação projectiva, a rêverie e o campo hipotético em construção. Desta forma há duas coisas fundamentais a serem identificadas pelo analista: o material – que se encontra em todo o decurso da sessão – e a teoria que será utilizada para "transformar" o material.

Depois do livro de Bion "Atenção e Interpretação" (1970), ficou para mim claro e completamente afinado, do ponto de vista epistemológico, o conceito de Atenção Flutuante de Freud. O conceito de Bion "sem memória, sem desejo e sem compreensão" é uma afinação do conceito de atenção flutuante de Freud. Ele afinou-o de uma forma muito simples, dizendo: "sem memória" significa não aprisionar o paciente ao passado e "sem desejo" não aprisioná-lo ao futuro. Esta formulação está relacionada com a temporalidade a que nós estamos sujeitos. Não devemos aprisionar o paciente nem de um lado nem do outro. O aforismo de Bion significa também que devemos ter as teorias completamente digeridas, de tal forma que elas passem a fazer parte de nós.

As teorias psicanalíticas também são, em certa medida, como a metáfora retirada da economia a que me referi anteriormente; há teorias duradouras, semiduradouras e não duradouras. A teoria psicanalítica para o analista é um bem duradouro. É tão duradouro que ainda hoje temos a obra de Freud completa nas nossas bibliotecas e a utilizamos frequentemente com toda a admiração que temos pelo génio de Freud.

A obra de Freud é um bem do tipo duradouro. Para mim, as obras de Freud, Melanie Klein e Bion são "teorias psicanalíticas" que são bens duradouros, mas o uso que faço deles é como se se tratasse de bens não duradouros porque eles estão assimilados. Quando Bion fala de "sem memória" ele também quer dizer isto, quer dizer que as teorias têm que fazer parte do analista, têm de ser assimiladas ao ponto de fazerem parte dele, exactamente como quando nós conduzimos e "automaticamente" colocamos as mudanças, também no analista as teorias têm que fazer parte dele, seminários deste tipo (anteriormente falei na dieta do analista), servem para ajudar a assimilar.

Por vezes, o problema da prática analítica é as teorias serem assimiladas, mas depois não serem discutidas o suficiente, não as pensarmos o suficiente.

Quando as teorias são suficientemente pensadas são revertíveis, porque estão sempre em eterna transformação, passando de bens duradouros a não duradouros e, estranhamente passam ainda a bens semiduradouros outra vez e até a bens duradouros. Quando os elementos que deveriam ser não duradouros passam a elementos duradouros na mente do analista estamos perante uma situação grave na medida em que, no lugar daquilo que deveriam ser as teorias, se encontram as convicções.

Meltzer foi indiscutivelmente um grande psicanalista, tenho por ele uma enorme admiração, mas em alguns dos seus seminários insistia frequentemente na ideia de que o analista nunca devia dar as costas ao paciente. Esta ideia fazia parte da teoria psicanalítica de Meltzer sobre o *setting*, nunca se deve dar as costas ao paciente, porque, segundo ele, o paciente pode ter a fantasia de atacar o analista. Na minha opinião esta ideia é mais uma convicção pessoal do que uma teoria psicanalítica. Com todo o respeito que merece a pessoa do Meltzer, acho que muitas vezes transformamos os elementos não duradouros em elementos duradouros, transformamos uma convicção pessoal numa invariante do processo. É uma tentação constante, a de transformarmos um elemento não duradouro em duradouro. As teorias têm de ser elementos duradouros e não duradouros, tem de ter esta virtualidade, esta reversibilidade. Bion formula isto de um modo muito simples, as teorias têm de ser colocadas ao nível das pré-concepções, ou seja, têm de ser expectativas vazias de algo. Uma pré-concepção é uma expectativa vazia, na medida em que implica a existência de uma área insaturada na mente. Uma teoria tem de ter uma área insaturada, tem de estar lá, disponível a ser activada, pela mente do analista e do analisando, aquilo que o paciente comunica, activa a mente do analista.

Bion em "Atenção e Interpretação" desenvolveu esta ideia ao ponto de dizer que as recordações que temos dos nossos pacientes tem de ser colocadas no mesmo plano, têm de ser evocadas e não lembradas. Por exemplo se o paciente está a contar-nos algo e subitamente recordamo-nos de um sonho que ele teve há 5 anos; existe uma probabilidade muito elevada de que essa recordação seja muito importante para a análise desse paciente porque ela foi activada e por isso é muito provavelmente verdadeira.

Uma das regras de ouro em psicanálise é gerar uma formulação interpretativa sempre que haja uma recordação, uma evocação súbita de uma coisa que o paciente nos contou à muito tempo, posto que nessa evocação se evidenciou uma organização analógica. A génese da interpretação, neste caso, foi sustentada na atenção flutuante.

O dia-a-dia do analista é feito de pequenas coisas, pequenos pensamentos que parasitam a sua actividade e que dificultam o acesso à génese da interpretação. São formas de saturarmos a ambiência psicanalítica, deixamos de estar a "flutuar" que é como Freud nos propôs – *free floating* –, deixamos de estar numa atitude "descansativa", para passarmos a estar numa atitude expectante. Há duas coisas que o analista não pode ter que são: excesso de atenção ou desatenção. O excesso de atenção é tão perigoso como a desatenção. O excesso de atenção impede-nos muitas vezes de ver o essencial. Temos tanta atenção ao pormenor que não vemos o todo. Nós não podemos estar em análise atentos a todos os pormenores que o paciente comunica. Freud deu uma atenção extrema a isto, ele ensinou-nos que o analista tem de estar do lado da atenção flutuante enquanto que o analisando tem de estar do lado da associação livre. Sabemos que a associação livre é adquirida tardiamente pelo analisando, de facto, o pedido inicial feito ao paciente – a instrução para associar livremente – é impossível de ser realizado nessa altura. Esta impossibilidade não nos impede de continuar a fazer o pedido porque esse pedido organiza a expectativa do paciente sobre a análise e aquilo que o analista espera dele.

Os pacientes no princípio da análise, têm por vezes muita dificuldade em falar, mas quando estão instalados na análise as sessões muitas vezes não lhes chegam. O paciente transmite-nos o seguinte pensamento que também é comungado por nós: "tanta coisa lhe passa pela cabeça", "como é que eu vou dar conta de tanta coisa". Em todo o caso, isto é um resultado do próprio processo analítico, resulta da expansão da mente. Se a associação livre é uma conquista do analisando, a atenção flutuante é uma obrigação do analista. É a fundamentação passiva do analista, embora ela varie com o próprio processo analítico. É natural que no princípio da análise haja menos atenção flutuante, porque nós estamos ainda há procura das invariantes que organizam o discurso do paciente e portanto estamos ainda muito em cima da procura dessa processualidade que organiza o processo histórico-narrativo da pessoa, e em busca de compreender as vicissitudes das relações de objecto. Mas depois o analista que não trabalha em atenção flutuante, não facilita a associação livre, porque a comunicação de inconsciente a inconsciente não se processa.

Embora considere que aquilo que se diz é o único lugar onde aquilo que não se diz pode ter lugar, considero que o mais perigoso na análise, não é o que existe; é o que não existe. Neste sentido humano do termo, o que não existe sob a forma da palavra, existe ou persiste sob a forma de acções. Quando digo que existe comunicação de inconsciente a inconsciente, pretendo dizer que tudo o que não passe pela palavra não passa pela comunicação, no sentido em que as palavras são o que organiza a comunicação dentro da análise. Sem palavras não há comunicação.

*
* *

Quando os pacientes têm dificuldade em serem totalmente abertos na análise, deve-se respeitar o "tempo" do paciente para falar sobre um determinado assunto, mas há pacientes que têm um tipo de culpa obsessivóide, têm um pseudo-respeito pelos outros, isto é típico das pessoas que têm medo de fazer mal a toda a gente, têm uma agressividade mal gerida, de modo que a agressividade lhes sai por onde menos esperam. Dizem: Ai não posso dizer o nome do meu namorado ... porque é uma figura pública, ou por qualquer outra coisa? Respeito esta atitude até que o paciente compreenda que se criou o clima emocional onde isso possa ser comunicado. Dizem-nos muitas vezes... Não lhe posso dizer, porque é aborrecido, estou a envolver outra pessoa... Nunca ouviram isto?! Eu já ouvi isto muitas vezes e isto eu respeito perfeitamente.

INTERVENIENTE – O problema que está a pôr aqui, é um problema de ética, não é?

Sim. O paciente não descobriu ainda que há uma ética na análise e confunde-a com uma parte não ética da mente dele. Ora isto permite uma interpretação em que o paciente projecta no analista uma parte não ética dele que é confundida com o analista. Porque um paciente destes tem evidentemente uma parte não ética, por isso é que ele faz como o provérbio de César. "Não basta a mulher de César ser séria é preciso parecê-lo". E ele parece, parece, ... São tão sérias que parecem sérias. Deve-se interpretar a parte não ética da mente da pessoa. Há uma coisa que para mim é claro, a certa altura o paciente vai ter que acabar por dizê-lo. Tal como Freud, eu penso assim: um penedo deixado no meio do caminho é o lugar onde todo o grupo de terroristas se pode esconder. Todos os sabotadores da análise podem esconder-se por detrás dos penedos que nós deixamos pelo caminho. Ou seja, um paciente nunca pode perceber conivência na ocultação de qualquer coisa. Não pode haver conivência. "Eu entendo perfeitamente que você não me possa dizer.", "Não precisa de me dizer", isso é negar completamente a teoria do recalcamento de Freud. É negar a dinâmica do psiquismo humano. É negar que por detrás de uma coisa que se esconde, escondem-se todas as outras.

Portanto digo todas as coisas que o paciente precisa de saber no princípio da análise. Agora sobre a minha atenção flutuante... acho que é uma conquista do analista, quanto mais analista mais flutuante. Eu hoje sei que é assim. Quanto mais analista, mais flutuante. Estou desligado. De repente olho para o sapato da paciente e acho que é no sapato que está a interpretação. Está no sapato e não naquilo que ela está a dizer. É fantástico, a pessoa ganhou essa liberdade... porque isto tem a ver com a liberdade do analista... Eu chamo também a vossa atenção para isto porque muitas coisas no analista e no analisando impedem a atenção flutuante. E nós temos que ter atenção a isso porque isso é um lugar onde também pode nascer uma interpretação. Há analisandos que não nos deixam estar sossegados, que são hipervigilantes relativamente a nós. Tive uma vez uma paciente que sabia a natureza do meu silêncio. Adivinhou sempre a natureza do meu silêncio. Eu estava em silêncio e a pessoa dizia-me assim: você não está a pensar em mim, está a pensar noutra coisa qualquer. E, era verdade. Ora como é que alguém adivinha o silêncio de uma pessoa. Imaginem a pressão que isto exerca sobre mim. Quantas vezes no meu silêncio, estou a pensar na retrosaria da esquina, e aquilo depois se constrói como... aquilo que já tenho é a arte de perceber que aquela retrosaria faz parte do paciente... como tudo o que se observa torna-se mente, aquilo tem a ver com o que o paciente me está a dizer. Aquilo que o M'uzan, chama e bem, uma subparte da atenção flutuante que são as quimeras psicológicas que vão surgindo na mente do analista enquanto escuta. Eu utilizo as quimeras, muitas vezes. As minhas formulações interpretativas são feitas, muitas vezes, a partir da quimera psicológica. Você faz-me lembrar uma retrosaria, hoje é como se você viesse para a análise buscar um botão em vez de vir buscar um vestido. Você não percebe que é o vestido que tem de mudar, pensar que mudar o botão é o suficiente para mudar qualquer coisa, é uma ilusão. Você muda a parte para não mudar o todo. Este tipo de formulação resulta da quimera psicológica. Gosto muito da palavra quimera. Se eu for ver bem, está lá o nível metafórico que pode ser introduzido na interpretação. Portanto, prestem atenção às vossas quimeras, se flutuarem. Agora muitos pacientes impedem-vos de flutuar. Isso também pode ser. Àquela paciente de que vos falei há pouco, mostrei-lhe... primeiro senti-me perseguido e em segundo lugar formulei a interpretação. Disse-lhe que ela tinha toda a razão. Muitas vezes eu não estava a pensar nela e pior era que ela acertava sempre quando eu não estava a pensar nela. Mas que isso que ela pensava que era uma vantagem era uma impressionante desvantagem para ela. Ela tinha que pensar naquilo que ela tinha desenvolvido dentro dela para ter essa capacidade de poder perceber quando é que o outro estava desatento a ela. Que necessidade de atenção permanente tinha ela, para ter a certeza que as pessoas estavam em contacto permanente com ela.

É uma outra forma de perturbar a atenção flutuante. É o típico caso de uma produção coluna 2 na tabela de Bion. São elementos que estão disponíveis para poderem vir a serem pensados. A própria natureza do estar dessa maneira, do estar dispersivo, facilita o contacto com os elementos α, são proto-pensamentos aptos a gerarem pensamentos propriamente ditos e portanto interpretações ou formulações interpretativas. O problema é: como é que os analisandos podem interferir na nossa cadeia de proto-pensamentos. Se interferem na nossa cadeia de proto-pensamentos seja pelo lado da desatenção (que pode ter várias formas, sonolência, distracção), ou pela hiperatenção, isso tem que ser formulado em continente-conteúdo. É preciso desparasitar o discurso.

INTERVENIENTE – Posso só pôr uma questão que é assim: eu penso que isso até certo ponto também é uma questão do analisando se estar a interpretar a ele próprio naquele momento, quer dizer, porque é que não se fala em co-interpretação, e se fala só em interpretação por parte do analista, e a co-interpretação por parte dos dois?

A visão binocular. Porque eu estou a falar daquilo que nos compete a nós enquanto analistas. Claro que a visão binocular é essencial. Eu disse-o desde o princípio. Já agora também acrescento algumas coisas que era para dizer mais tarde, mas vou dizê-las agora. A interpretação pode ser vista no nível autístico, no processo de separação-individuação e na individuação completa propriamente dita. O que é que é o nível autístico? No princípio de uma análise a interpretação formula-se no nível autístico, ou seja, nós somos o pensamento de um pensador que não pensa. No princípio de uma análise o analisando conta-nos um sonho, mas ainda não tem condições para o interpretar. Qualquer pessoa que faz análise comigo sabe que no fim de uma análise, a pessoa conta-me um sonho e eu digo "e o que é que você pensa sobre o sonho". Para que é que me servem as teorias da Margaret Mahler? Só para uma coisa; para compreender o processo analítico, a concha autística, a fase de separação-individuação e a individuação propriamente dita. Divido a análise em duas partes. No princípio da análise vivo a relação com o analisando numa "concha autística". Formulo coisas para o paciente, dou-lhe invariantes, formulo uma conjunção constante, dou-lhe a tal viagem para ele poder perceber de onde vem e para onde vai. E depois na fase propriamente dita de instalação do processo analítico, quando está estabelecido o senso-comum psicanalítico, eu penso que se está em processo de separação-individuação e finalmente o doente vai-se embora e aí ele está em individuação propriamente dita. Facilito permanentemente o acesso à individuação. Dou-lhe a palavra, sugiro que ele faça o seu próprio trabalho, ele tem um sonho e fica à espera que lhe dê uma interpretação e digo-lhe assim, "mas o que é que você pensa sobre isso?". Formulo então a interpretação a propósito da sua natureza em 3 planos. Formulo a partir de Grotstein, no seu livro *Spliting and Projective Identification* (1981), onde propõe os 3 termos referidos (autístico, separação-individuação, individuação) e penso que as interpretações têm que respeitar estes 3 momentos. Se o paciente está no início de uma análise, é importante construir com o paciente os grandes momentos organizadores da sua própria história, as invariantes que subjazem ao seu discurso. Depois a seguir trabalhamos os dois em cima disto – corresponde também àquilo que Freud chamaria "Durcharbeit" e depois há a parte final da análise em que, evidentemente, a individuação tem que ser respeitada, o momento de crescimento do analisando tem que ser respeitado. E o analista deve saber respeitar este processo de autonomização do sujeito em relação ao processo analítico, facilitando o luto pela relação.

Dizia que a génese da interpretação, neste contexto se formula no cruzamento entre a teoria e a anedota. Afasta-se da crença no valor do processo analítico em si mesmo como um processo terapêutico que vale por si. Há aquele tipo de analista cuja interpretação se reduz a dois tipos que são "o porque sim ou o porque não". Mas talvez sim ou talvez, é a forma de intervir para desequilibrar o sistema. O analista que pensa que análise é um instrumento omnipotente é um analista que nunca será um analista. A análise é um instrumento, mas como todo o instrumento científico é um mediador para a compreensão. Sem teorias psicanalíticas, não há psicanálise. Portanto, saber as teorias psicanalíticas é essencial. Mas só se pode saber uma teoria psicanalítica quando se "psicanalizou" psicanaliticamente a teoria psicanalítica. Ou seja: qual é o lugar em que o psicanalista passa a ser psicanalista? É quando o psicanalista tem uma metapsicanálise da psicanálise. Há uma metapsicologia e há uma metapsicanálise. O analista que sabe lidar psicanaliticamente com as teorias psicanalíticas sabe, ele próprio, trabalhar psicanaliticamente as teorias. Não sabe a teoria do Édipo, sabe psicanalisar a teoria do Édipo. Sabe colocar o édipo no divã. Não é colocar o édipo do paciente, é colocar o mito de édipo no seu divã mental. O analista que não construa ou não reconstrua por sua própria conta as teorias psicanalíticas, não é um psicanalista. E é essa capacidade de lidar psicanaliticamente com as teorias psicanalíticas que define a génese da interpretação psicanalítica. O analista que não procede desta forma, não lida com as teorias psicanalíticas, porque o único lugar operativo para uma teoria psicanalítica, é um pensamento psicanalítico sobre uma teoria psicanalítica. Não basta saber teorias, é preciso psicanalisar as teorias. Psicanalisar uma teoria é revertê-la numa teoria pessoal. Sem a reversão da teoria a uma teoria pessoal, o analista não tem uma teoria para a psicanálise. Isto é essencial. Mais uma vez voltamos à dieta do analista. Os seminários de psicanálise servem para duas coisa, para fornecer teorias e para fornecer instrumentos para utilizar as teorias. Há uma coisa que é complexa na formação psicanalítica e que passei a vida a criticar, que é dizer ao candidato "o senhor vai ler o livro e vai-nos dizer o que é que pensa sobre o livro". Será possível a um candidato recém-chegado lidar psicanaliticamente com uma teoria psicanalítica? O problema da formação psicanalítica tem a ver com o problema da maneira como trabalhamos psicanaliticamente. Da capacidade que temos de fornecer a nós próprios, a oportunidade da criação desta modulação permanente dos constructos teóricos, de maneira a que eles sejam completamente libertos da carcaça claustrofóbica em que foram encerrados em nomes, palavras e desejos que vêm daquele sujeito para se transformarem em instrumentos operativos mentais – e isso não depende dos candidatos a analistas. Estou completamente à vontade para dizer o seguinte: é preciso termos condição para entendermos esta questão e a única forma de o fazermos é sermos capazes de ampliar a relação com a teoria psicanalítica a um nível em que haja uma metapsicanálise da psicanálise dentro de nós mesmos. Sem isso, a génese da interpretação fica perturbada. Muitas vezes, nas supervisões, os supervisionandos acham que se foram por ali não podem ir por acolá. As teorias psicanalíticas têm que obedecer ao modelo de Niels Bhor para o átomo. O átomo é uma coisa que não existe, mas podemos descrevê-lo como um sistema planetário, ou podemos descrevê-lo como um campo energético. No momento em que o descrevemos como um sistema planetário, esta descrição é antagónica à descrição do modelo energético, mas depois de descritos são antagónicos e complementares. Os modelos epistemológicos da psicanálise são do mesmo tipo, têm antagonismo e complementaridade. A descrição de Klein sobre a posição esquizo-paranóide e depressiva é antagónica à descrição que Freud faz do 1.º ano de vida e é complementar a essa descrição. É este antagonismo e complementaridade que é difícil de compreender. A construção das complementaridades é a metapsicanálise das teorias. O analista que não metapsicanalisa as teorias não tem condição de provocar uma génese. A génese da interpretação fundamenta-se no encontro entre a teoria e a anedota e essa anedota pode ser tirada de 3 lugares, da contra-transferência, da relação analítica ou do material produzido/trazido pelo paciente. Quando é trazida pela contra-transferência pode ser trazida por 2 níveis: o da quimera psicológica (que o analista vai construindo na escuta) e o da contra-identificação projectiva que é um aspecto técnico importantíssimo da própria interpretação, que é gerada a partir da contra-transferência. A contra-identificação projectiva é a técnica que muitos pacientes induzem para fazer com que o analista viva aspectos da sua mente, com que de outra forma não poderia entrar em contacto. Por exemplo quando há bocado falei daquela paciente que se pôs nua, a minha interpretação fundamentava-se na contra-identificação projectiva. O analisando projecta no analista um problema dele de modo a que o analista o sinta como se fosse dele próprio. Como uma forma de comunicação de aspectos muito primitivos da mente. A contra-identificação projectiva é um aspecto significativo na génese do material em que baseamos a interpretação. Um outro aspecto é a quimera psicológica na contra-transferência. Os outros aspectos vêm da relação. Todos estes aspectos só têm valor se cruzados com as teorias psicanalíticas que lhes permitem que a transmissão deste processo e a nova significação sejam operativas. Finalmente a interpretação ainda tem que conter na sua própria génese, a natureza da invariante da qual partiu. A interpretação que não contém a invariante da qual parte, não é assimilável pelo paciente. A invariante tem que ser compartilhada. Se não há uma invariante compartilhada, a interpretação não pode ser assimilada, o que por sua vez reenvia ao problema que é como é que podemos criar condições para compartilharmos uma invariante de maneira a compartilharmos uma interpretação, mas isso é um outro problema.

Interessa-nos agora, o problema da tolerância e da verificação da interpretação.

Não basta evidentemente comunicar uma interpretação. É preciso criar condições emocionais para que ela seja assimilada e aceite e, de alguma forma, saber quais são os critérios que temos para verificar se uma interpretação é falsa ou não falsa. Reparem que evitei deliberadamente dizer é verdadeira ou não é verdadeira porque acho que epistemologicamente é melhor dizer falsa ou não falsa, porque o critério epistemológico da verdade, paradoxalmente é muito mais difícil de conceptualizar do que o critério epistemológico da falsidade.

Comecemos, então pelo problema da tolerância à interpretação analítica, ou seja, quais são os critérios sobre os quais vamos construir a interpretação e de que maneira é que nós podemos dizer que se cria um ambiente favorável à assimilação da interpretação. Sem dúvida nenhuma que nós temos de nos ater sobretudo à teoria dos elementos de Bion. Os elementos em psicanálise são 7 e são os seguintes: continente-conteúdo (♀ ♂); PS ↔ D (alternância entre posição esquizo-paranóide e depressiva), os vínculos (L, H e K), a dor mental/mudança catastrófica, razão, ideia e as emoções. Dentro dos critérios que subjazem ao problema da tolerância à interpretação, dois elementos são fundamentais para podermos verificar essa tolerância à interpretação. O primeiro critério é o critério da dor mental/mudança catastrófica, ou seja qual é a capacidade que o paciente tem de tolerar a dor inerente a uma mudança de ponto de vista. O segundo critério é levar em linha de conta as emoções enquanto elemento da psicanálise. Sobre o primeiro critério, o da dor mental, Bion diz e com razão, a certa altura dos "Elementos em Psicanálise" (1963), qualquer coisa como poderíamos considerar a dor mental um dos elementos em psicanálise. Não desenvolve nem teoriza muito sobre a dor mental como um elemento, mas subsequentemente, nesse texto, ele vai mostrar como a dor mental é qualquer coisa que está subjacente a uma teoria da angústia na sessão psicanalítica. Ele diz algo como: não se pode conceber uma sessão psicanalítica, sem conceber que haja um maior ou menor grau de angústia, em ambos os lados do processo analítico. Portanto, se não houver em ambos os lados, do analista e do analisando algum grau de ansiedade, o processo analítico não se desencadeia. Por outro lado, também diz que o excesso de ansiedade ou o excesso de dor mental, torna completamente inoperante o trabalho do psicanalista. Se começarmos pelo primeiro ponto, suponho que é evidente para todas as pessoas que existem dois tipos de ansiedades num processo analítico, numa sessão psicanalítica. Uma – aquela que tecnicamente é mais significativa – que é aquilo a que nós podemos chamar a ansiedade dominante duma sessão. Baranger tem um texto interessante em que mostra como da parte do analista é fundamental o entendimento da ansiedade dominante durante a sessão. Ou seja, a questão que se coloca é saber qual é a ansiedade dominante para o paciente naquela sessão; qual é o problema sobre o qual o paciente organiza a sua ansiedade. O paciente está, por exemplo, ligado a uma ansiedade depressiva, resultante de um sentimento de luto, ou pelo contrário o paciente está envolvido num sentimento persecutório em relação a algo? A ansiedade dominante, afirma Baranger, deve ser o fio condutor de todo o processo interpretativo. E vai mesmo mais longe, afirma, e penso com razão, que uma das grandes questões que se põe ao nível da interpretação, é se o analista durante uma mesma sessão, "dispara interpretativamente", em cima de mais do que uma ansiedade dominante, já que esta "técnica" não permite integração por parte do paciente. Portanto, a questão reside na compreensão de qual é a ansiedade dominante, de qual o problema maior que o paciente traz nessa sessão: um sonho que teve durante a noite, sobre o qual organizou uma angústia; um problema de que fala, etc. Baranger detecta muito bem esta questão a partir de dois níveis ou a partir do sonho. O paciente traz um sonho para uma sessão e se esse sonho for contado, no princípio da análise, ele terá associado e dará esclarecimentos sobre o sonho (Aliás uma das alterações técnicas que aquele autor propõe, – não nesse texto, mas noutro, – a propósito das primeiras regras que se ensinam aos pacientes antes da análise, é precisamente essa; do seu ponto de vista, quando numa sessão o paciente se recorda de um sonho, esse sonho deve ser a primeira coisa que ele conta). Logo, se o paciente traz um sonho, não deve intercalar o sonho no meio, se ele se recorda do sonho deve contá-lo logo no princípio da sessão, e aduz um conjunto de argumentos para isso, porque diz que o motivo pelo qual o paciente não conta o sonho é um processo de defesa, – o paciente conta o sonho no fim da sessão, como os obsessivos, para evitar a interpretação do sonho. Os sonhos entre as sessões são uma forma de continuação do processo analítico; teve sessão à segunda e tem sessão à terça, entre a sessão de segunda e de terça há um sonho, que organiza o material analítico. Um conjunto de indicações, (que são quase uma técnica activa) levam a dizer ao paciente, "se porventura tiver um sonho que se recorde, essa será a 1ª coisa que deve dizer na sessão". Seja como seja, ele diz que com essa intervenção técnica, as ansiedades dominantes detectam-se segundo a regra do jogo de xadrez, – como Freud nos ensinou – ou segundo a regra do sonho. Segundo a regra do jogo de xadrez a maneira como uma pessoa principia uma sessão, é a forma como a sessão vai continuar, ou seja, tal como o jogo de xadrez, a abertura do jogo determina que tipo de jogo se vai passar, a abertura diz-nos tudo. Devemos por isso prestar muita atenção aos primeiros momentos de uma sessão de análise, à maneira como o paciente comunica inicialmente. Por exemplo, uma ansiedade paranóide põe o campo emocional muito tenso, inflaciona-o e não proporciona acessibilidade à interpretação psicanalítica. Detectar se a ansiedade dominante é depressiva ou paranóide, é importante para trabalhar o que se passa. Se a ansiedade dominante tem uma tonalidade paranóide, o trabalho do analista é desfazer essa ansiedade a um nível minimamente compatível, com uma interpretação que o paciente possa tolerar. Sendo que só na ansiedade depressiva é possível fazer uma interpretação "completa". Meltzer também diz qualquer coisa de semelhante, quando divide e introduz os 3 tipos de ansiedade presentes numa sessão, a ansiedade paranóide, a confusional e depressiva. Meltzer acha que a ansiedade confusional ainda é mais perplexizante para o paciente do que a ansiedade depressiva. No livro "The Psycho-analytical Process" (1967), no capítulo IV[14], Meltzer fala das ansiedades confusionais mostrando como o problema da dupla introjecção do objecto na mente do analisando (sob uma forma em que de um lado é boa e do outro é má), o vai levar mais tarde, a desenvolver o modelo confusional da mente.

Para o paciente que se encontra em ansiedade confusional, as interpretações do analista, podem ser vividas exactamente no mesmo

---

[14] Capítulo IV "The Threshold of the Depressive Position" (The Psycho-analytical Process).

registo. Ou seja em vez de serem vividas numa área que facilite o contacto com a interpretação, (numa relação continente-conteúdo), proporcionando *insigth* e crescimento, a ansiedade confusional incapacita o paciente de entrar em contacto com a interpretação que será vivida numa área da mente do paciente como confusa: porque por um lado, paradoxalmente, apazigua qualquer coisa, e por outro lado, persegue algo. Bion também dá alguns exemplos deste tipo de reacção à interpretação, nomeadamente o tartamudear de pessoas não gagas no processo analítico; os "Anhs" e os "Unhs", as procuras de palavras que estão como que envolvidas numa espécie de rede onde a pessoa não se sente capaz de criar um fio condutor, ou a natureza expressa do que a pessoa está comunicando; tudo isto pode delimitar esta questão. Ou seja, as ansiedades paranóides e confusionais devem ser trabalhadas no sentido de criar condições para permitir uma verdadeira interpretação. Subjaz à verdadeira interpretação a capacidade de tolerar uma rotação da mente, em algum nível. Há pouco alguém, e com toda a razão, dizia que toda a interpretação tem um nível teleológico; ou seja, toda a mudança de perspectiva tem um nível mínimo de mudança catastrófica. Ler um livro pode-nos mudar a mente, ver um filme pode-nos mudar a mente, quanto mais um interpretação. Há sempre um nível maior ou menor de mudança catastrófica imanente a uma interpretação. O que podemos dizer é que quando ela é verdadeiramente revulsiva, provoca mesmo uma mudança catastrófica *strictu senso,* mas *lato senso,* toda a interpretação implica, em certo grau mudança catastrófica e nesse sentido, a tolerância à mudança catastrófica implica o predomínio da ansiedade depressiva, sobre a ansiedade paranóide e sobre a ansiedade confusional. Ou seja, nesse sentido, ao analista cabe num primeiro tempo, (que corresponde à preparação da interpretação, através de micro-interpretações, micro-processos-interpretativos), criar condições para que o paciente perceba, por exemplo, que é mais fácil desconfiar do que estar triste. Como metáfora, a mente do paciente tolera melhor a desconfiança do que a tristeza, essa tolerância à tristeza que é necessária para que a interpretação faça efeito, já que possibilitando ao paciente entrar verdadeiramente em contacto emocional com a interpretação. Quando nós pomos isto de outra maneira, compreendemos que só em mais continente e mais conteúdo é que se produz um processo de mudança. Pode haver menos continente, (e há bocado, quando falei na génese da interpretação, falei nas condições em que continente está perturbado e não tem condições para gerar uma interpretação), mas também pode haver menos conteúdo e há muitas vezes menos conteúdo. Se há menos conteúdo, e há mais continente, o resultado mais por menos dá menos e portanto, a questão é criar condições para que o conteúdo passe de menos a mais. Ou seja, nesse sentido, ou se opera pela transformação da ansiedade paranóide em ansiedade depressiva ou se opera ao nível da estrutura normativa da posição esquizo-paranóide, (separação do "bom" do "mau"), e só depois é que se pode trabalhar os sentimentos internos do paciente. É preciso desfazer a ansiedade confusional ou a ansiedade paranóide para se poder trabalhar com os níveis de ansiedade depressiva. Portanto, a teoria da ansiedade dominante tem dois pontos de vista: primeiro detectar a ansiedade dominante e trabalhá-la no sentido da transformação em ansiedade depressiva pelo trabalho analítico; depois trabalhar os conteúdos ideativos e representacionais. Ou seja, entrar nos aspectos anedóticos, dirigidos à contra-transferência ou no plano do registo verbal do paciente, transformando-os em material interpretativo, colocando a mente do paciente na capacidade de poder aproximar-se à "verdade", que o paciente pode captar da experiência emocional vivida entre o analista e o analisando. Por outro lado, é preciso ver o aspecto emocional; Bion na teoria dos functores vai buscar o termo a Freege e diz que o functor é uma função que procura um argumento. Ou seja, ele supõe o psiquismo como um questionário branco, cujo emalhamento é a rede emocional. Suponham um questionário em branco cujo emalhamento é a rede emocional, ou seja, a malha do questionário são as emoções que permitem a coerência, mas existe depois um retículo onde podem ser recebidas palavras e comunicações. Portanto, sem haver um sustentáculo emocional, o retículo não tem condições para receber a experiência cognitiva, e é por isso que quando pensamos, por exemplo, neste duplo nível da interpretação, a emoção e a interpretação, podemos dizer que se desintoxica de um lado para se re-significar do outro. Não é por acaso que Bion diz, quando fala da relação da função de rêverie da mãe: a função de rêverie tem como função devolver a ansiedade a um nível mais tolerável, pela mente do bebé, ao mesmo tempo que outorga uma significação. Ou seja não é outorgar uma nova significação e depois criar uma emoção mais tolerável, é precisamente ao contrário, primeiro diminuir a ansiedade pela desintoxicação dos aspectos excessivos da emoção e só depois é que se outorga uma significação. Podemos dizer que neste sentido, a transformação da ansiedade dominante faz-se pela transferência e a significação faz-se pela transmissão. Ou seja, o modelo de interpretação é um modelo do terceiro, é um modelo do outro, no sentido em que o outro está sempre presente, o terceiro está sempre presente como referência outra. É também uma presença separadora que está fora do contexto interactivo analista-analisando, e esse outro é a história do sujeito, é o vivido transferencial com o analista, mas não é a relação analítica propriamente dita. Esta referência é um terceiro, que organiza o discurso e é o lugar onde a significação se faz, ela pode ser, e é, desintoxicada da relação diádica, mas é re-significada na relação triádica. Isto evidentemente reenvia ao problema da codificação simbólica porque é da ordem do terceiro, porque é da ordem da separação em relação à díade, e porque é aí que o sujeito se remete a uma relação falante sobre algo que se passa. Dois, diz Lacan, ainda cumpre a função do imaginário ser levado ao espelho e alguém dizer que sou eu, é aquilo que Lacan chama a identificação alienante, e com toda a razão. A este nível, as interpretações que se fazem são do registo da transferência, são interpretações imaginárias, são interpretações das imagens sem recurso à linguagem e portanto são interpretações circulares, mantêm o sujeito preso à sua própria imagem em espelho. Cumprem uma função alienante, porque alienam o sujeito na imagem do outro vivida na transferência e que lhe é devolvida pela interpretação. A interpretação que introduz o registo simbólico é aquela que empurra o sujeito da relação diádica para a relação triádica, onde a palavra sobre o anedótico, o narrativo ou a contra-transferência organiza a codificação simbólica onde se passa a verdadeira interpretação. A verdadeira interpretação tem sempre suposto um outro, um outro que não está ali, que é o outro do analista, o outro do analisando ao qual se deve reportar a interpretação. Ela é re-significada na relação triádica e é desintoxicada na relação diádica. Dito isto desta maneira parece uma coisa simples e complexa. Ela constitui evidentemente uma reflexão pessoal que faço sobre o estado do espelho de Lacan. Essa atribuição do "eu" a partir do "és tu", essa confusão entre o "me" e o "je", ou entre o "eu" e o "me", "vejo-*me*", "sou", é qualquer coisa que aliena o sujeito incluindo um no outro. O analista que interpreta sobretudo no interior da transferência, mesmo quando pensa que está a atribuir uma significação, no lugar da experiência vivida emocionalmente está a rever o sujeito num estado de identificação alienante. Retomando a ideia do Grotstein, – o aspecto autista, a separação-individuação e a individuação propriamente dita, – o analista que trabalha no estado do espelho, mantém o sujeito numa relação autista e no máximo na relação de separação--individuação. Mas ao analisando é como se não fosse permitida autonomização, porque a primeira autonomização do analisando é da ordem simbólica aonde a interpretação inscreve o analisando, o analista, a relação analítica e a própria fundamentação da análise. E mais, falamos muito da tolerância à interpretação *versus* a intolerância à interpretação, mas a pior coisa ainda é a pseudo-tolerância à interpretação pela criação de mecanismos de assentimento que fazem uma inversão da relação continente-conteúdo; ao analisando é agora dada a função de ser o continente das teorias do analista. A inversão continente-conteúdo faz do analisando recipiente das teorias do psicanalista. O psicanalista verifica as suas teorias através dos modelos interpretativos que utiliza e empurra subrepticiamente o analisando para ser ele próprio um confirmador das suas teorias. Então o que se passa é que o analisando vai dizendo que "sim, sim", "pois, pois", mas não avança nada, não progride coisa nenhuma, não percebe realmente nada, nem muda nunca, nem no *insigth,* nem em coisa alguma. O analisando transformou-se, por este vínculo de pseudo-assentimento num verdadeiro espelho do analista, provavelmente pela intolerância deste à desconfirmação dos seus próprios critérios teóricos. Isto cria um ambiente emocional na análise muito perigoso que faz com que a relação continente-conteúdo seja invertida e o analista passe a viver no interior do analisando. E passe a ser, ele próprio, contido pelo analisando, sob a forma da aceitação que o analisando vai fazendo das sucessivas interpretações que o analista faz deste ou daquele aspecto do seu sofrimento emocional e dando ao analista um sentimento narcísico de reconforto muito intenso, posto que o analisando cumpre um duplo papel. É um "bom" analisando, porque diz que sim, e é um "bom" analisando porque confirma plenamente modelos e teorias.

Muitos analistas falam e escrevem sobre a importância da empatia. A primeiro pessoa foi Kohut no seu livro "The Analysis of the Self" (1971), (antes de escrever a famosa análise de Z, altura em que rompe, em parte, com o seu próprio discurso), dizendo que a empatia é o lugar onde se dá a volta para a saúde mental. Ou seja, a empatia seria esse lugar onde dois se juntam numa "harmonia", que muitas vezes é construída de falácias. No caso de Z, no entanto o paciente só cresce quando de repente há uma falha na empatia do analista. Então o analista percebe que o analisando dá sinal de si e começa a afirmar a sua própria voz. O problema central de todas as teorias que se baseiam sobretudo na desintoxicação emocional, sem levar em linha de conta esse terceiro que é o pensamento, é a alienação especular. Pensativar, para retomar Matte Blanco, eis a questão. É uma palavra que não existia antes de ter sido criada. Embora exista a expressão "estou pensativo", não existe o verbo pensativar. Mas eu acho que a melhor forma de dar conta da experiência reflexiva conseguida pela análise é sermos capazes de pensativar; e essa experiência acontece quando o paciente é capaz de começar a pensar os seus próprios pensamentos, numa área de pensativação ou de cogitação. Isto é, penso eu, qualquer coisa que remete para o terceiro, enquanto não iludindo a falha narcísica. No sujeito neurótico, a falha é, por excelência, a castração (não é a verificação do pénis). A castração é a análise da falha e a verificação da falha. A castração tem a ver com a questão narcísica, não tem a ver com a questão objectal, isso é uma ilusão. Lacan desfaz a ilusão da castração sobre o modo objectal.

Todo o funcionamento neurótico, todo o linguajar neurótico, e Freud percebe-o no texto "Inibição, Sintoma e Angústia" (1926) (e aquilo que Lacan faz é apenas desenvolver a coerência da Inibição, Sintoma e Angústia), é uma forma do sujeito ficar impermeável à angústia. A neurose bem conseguida é a impermeabilidade à ansiedade. Toda a neurose, bem conseguida, diz Lacan é o sujeito que se cura no gozo. Ou seja, é o imaginário, na relação com a imagem, que se "cura", ou que se hipnotiza no seu próprio gozo. A relação imagética, imaginária com o analista inscreve-se ainda num gozo. Lacan diz, e com razão, que o sintoma é um furo do imaginário. É como se fosse um furo neste sistema hipnótico do gozo, onde o sujeito se diz no que o outro diz. Toda a estratégia do neurótico, é uma estratégia da criação do falo: ser perfeito no obsessivo, ser-se perfeitamente sedutor no histérico, esse é o gozo histérico, ou é o gozo obsessivo. E é essa relação ao gozo e ao falo que se organizam contra a falha narcísica. Ora a empatia do aqui e agora como uma girândola que se passa entre dois sujeitos, onde o terceiro é falado pela história ou pela contra-transferência, retira a palavra do lugar diácono e coloca-a no lugar onde pode dizer algo. Lacan dizia assim: o prazer é do corpo; o gozo é do imaginário; e a alegria é do simbólico. Se a alegria é do simbólico, também a tristeza é do simbólico. O gozo é a desconfiança. É o que está como contrapartida dos que não me deixam gozar. O gozo tem uma contrapartida mas a contrapartida da alegria é evidentemente a tristeza. Seja qual seja o argumento que nós utilizemos para ver esta situação, do meu ponto de vista a tolerância à interpretação passa também por aqui. Diria que a pseudo-tolerância à interpretação nos mostra como não houve interpretação alguma. O sujeito apenas gozou do seu próprio espelho. Não pode nem ficar alegre nem ficar triste porque se limitou a gozar o seu próprio espelho.

Muito mais complicado é o problema da verificação da interpretação que eu deixei para último lugar neste seminário. Os critérios de verificação da interpretação são os critérios que mais estritamente derivam dos modelos teóricos subjacentes à prática do analista. Podemos dividir a verificação da interpretação no observatório, e no observado ainda que quem verifique como critério seja o analista, ainda que quem co-verifique seja o analisando. Seja como for quem tem o critério para verificar o verificável é o analista. Dividiremos os critérios de verificação segundo três linhas: a freudiana, a kleiniana e o modelo bioniano.

Os modelos que resultam da imanência do modelo freudiano, para a verificação da interpretação têm como ponto de partida, como epigénese, o recalcamento. O recalcamento é o modelo da verificação da interpretação dominante na obra de Freud. Por isso, é sobre a angularidade do recalcamento, entre o esquecido e o lembrado, e a relação com aquilo que passa a ser lembrado e que pode voltar a ser esquecido, que se vão construir critérios de verificação da interpretação. Os critérios de verificação com Freud, como se mostra, por exemplo, nas "Construções em Análise", centram-se nos que resultam do modelo geral da epigénese do recalcamento. Os critérios de verificação de Melanie Klein centram-se sobre a relação entre posição esquizo-paranóide e posição depressiva, ansiedade esquizo-paranóide e ansiedade depressiva, culpa, integração e reparação. Os critérios de verificação da análise para Bion centram-se nos mesmo que para Freud e Klein, acrescentando ainda todos os critérios que vêm do observatório. Ou seja, os aspectos emocionais daquilo que é vivido dentro do próprio analista, como é que o analista verifica a interpretação a partir dos efeitos que a própria interpretação gera em si mesmo e a partir de si mesmo.

Dentro dos critérios de verificação propostos a partir da epigénese do recalcamento, Freud, em "Construções em Análise", dá-nos uma série deles que são muito claros e muito úteis, o primeiro é o famoso – "Nunca tinha pensado nisso", resposta do analisando, que provém do reprimido, pois algo volta à consciência sobre o qual a consciência não tinha pensado, ou seja, aparentemente não tinha pensado, mas de facto tinha-o pensado posto que de facto lhe deu assentimento em cima de uma primeira afirmação. O segundo critério para Freud é o que resulta do seguinte; o analista dá uma interpretação e o analisando diz: "É engraçado, de repente lembrei-me de um sonho", ou "Lembrei-me agora de uma coisa que se passou quando eu tinha 5 anos de idade e nunca mais me tinha lembrado disso", não importa. É a produção de uma recordação em cima de uma interpretação que tem um efeito surpreendente em primeiro lugar para o próprio analisando. O paciente fica surpreendido pela associação recorrente. É como se a interpretação tivesse, diria Freud, diminuído a censura entre o Eu, o Id e o Super-Eu. A interpretação diminuiu a censura, operou sobre a censura suficientemente para abrir um espaço por onde qualquer coisa passa de novo. É a epigénese do recalcamento, como todos os critérios de verificação em Freud. A outra é o paciente negar, quando tudo aquilo que ele diz a seguir confirma. Nega e confirma. No texto "A Negação" (1925), Freud estabelece um princípio fundamental: algo tem agora como condição de emergir na consciência. Mas a tolerância da consciência a A (não foi Bion que disse, foi Freud), a tolerância que a consciência tem em relação àquilo que ela passa a afirmar não existe, a consciência não tem tolerância a uma verdade que passa agora a fazer parte dela, pelo que a nega. Isto não é recalcar. Isto é Negar. A negação é uma forma de afirmar. A pessoa afirma pela negação. Mas Freud permite-nos ainda perceber que é a capacidade de negação que separa a neurose da psicose. Porque o psicótico não tem condições de negar. A função simbólica opera na negação. A analogia própria à função simbólica tem subjacente o modelo da regressão, ou seja o semelhante, que é simultaneamente diferente. No semelhante uma coisa não é, e ao mesmo tempo é. É isso que permite a função simbólica, o que constrói a função simbólica é a negação. A construção da função simbólica é o uso da negação. Daí, que a falha da negação seja a psicose; a falha do recalcamento a neurose. Por isso é que o psicótico está condenado a dizer o que é, é. O psicótico não tem condição para dizer que não é. Esta imutabilidade do é, transforma a vida num processo insuportável. A negação é qualquer coisa que tem a ver, (isto é muito interessante), com a forma como o pensamento está ligado com a dor. É justamente a relação entre pensamento, negação, afirmação, tolerância à dor mental, que permite o acesso à simbolização e que permite continuar a pensar. Se há intolerância à dor mental, nem sequer se pode negar porque nem sequer se pode afirmar, não pode haver consciência de coisa alguma e o sujeito só pode viver num mundo de afirmações. E num mundo de denegações. Aí pode. Ou seja no desmentido da realidade. Não tem condição de negar, só tem a condição do desmentido, que é completamente diferente. São coisas completamente diferentes no étimo germânico, na conceptualização, na teoria, na incidência clínica, na compreensão psicológica, na incidência psicoterapeutica, etc. A negação é então uma forma de afirmação. E, portanto, quando um paciente nega e afirma, está a negar afirmando. Ao analista deve ser dado um duplo lugar que é, se o paciente nega e afirma, então a interpretação foi verificada. Se o analista cumpre todas as regras do jogo que nós enunciamos aqui, e as tem suficientemente assimiladas e sabe que produziu uma interpretação cuja viabilidade é de alto nível, o analista no mínimo o que pode fazer é submeter de novo a interpretação à investigação binocular. Porém, agora, deve-se investigar a dor mental ou o sofrimento psicológico inerente àquilo que é negado.

A verificação muitas vezes tem que se fazer da intolerância a qualquer coisa, a uma área da mente que não pode aceitar. Isto significa que o analista se abre a um lugar, ligado à dor psicológica, de um sistema emocional vinculado à codificação e à estrutura daquilo que foi proposto e falado.

Há também, evidentemente, o levantamento do reprimido. O levantamento do reprimido também existe, observei-o como analista. Tive um paciente que me reportou o seguinte: "recordei--me agora que quando tinha cerca de 3 anos de idade, o meu pai teve uma violenta discussão com a minha mãe, e isto passou-se em casa dos meus avós que já não existe, essa casa deve ter sido deitada abaixo quando eu tinha 4 anos. O meu pai disse que se ia atirar ao poço lá de casa. Em vez de ficar triste fiquei todo satisfeito." Seguidamente o paciente foi perguntar à mãe, se era verdade. E era mesmo verdade. A casa tinha sido destruída quando ele tinha 4 anos de idade, e essa famosa discussão que a mãe também não tinha esquecido tinha-se dado quando o meu paciente tinha 3 anos de idade e ele tinha formulado por sua conta um desejo de morte do pai. Isto é o levantamento do reprimido, como Freud descreveria. Outra componente da verificação da interpretação é quando a interpretação enche uma falha mnésica. Falta lá qualquer coisa. Este é outro modelo do recalcamento. Freud tinha muitos modelos do recalcamento. Um seria o seguinte: – o recalcamento também pode ser lido como um livro no qual faltam palavras, que já não estão lá, mas que deviam lá estar. Está lá o espaço em branco correspondente às palavras que deviam estar lá. Isso resulta do recalcamento, é o recalcamento. Freud afirma que o preenchimento da falha mnésica, pela interpretação, desde que congruente, confirmada e operativa é um critério de verificação da interpretação.

Para Freud há ainda um outro critério: a diminuição da culpa e portanto do sintoma. Freud afirma que há uma excepção a esta regra. O agravamento do sintoma é obrigatório quando tratamos depressões, porque a culpa depressiva é tão acentuada, tão forte que a interpretação, acentua o desnível criado entre os vários aspectos das instâncias. Esta questão do agravamento da culpa depressiva é essencial. É a única excepção à melhoria do sintoma, para Freud. Freud diz que a melhoria do sintoma é um critério de verificação da interpretação, excepção feita à depressão, aonde a acentuação da culpa é um critério de verificação para o analista.

Em Melanie Klein os critérios de verificação de uma interpretação são: a diminuição da ansiedade paranóide e a maior capacidade de integração da culpa. O conceito de culpa muda de Freud para Klein, um diz que o agravamento da culpa é melhoria e o outro diz que a integração da culpa é melhoria. Ambos são verdade. Porque a culpa é uma forma de ansiedade persecutória, de uma parte do Self em relação a uma outra parte do Self; é o Super-Eu perseguindo o Eu. A integração da culpa é então uma subforma de integração da ansiedade paranóide. Outro critério é a maior capacidade de manter a mente em posição depressiva. Uma forma de avaliar a partir da posição depressiva é ver quanto tempo é que o paciente a aguenta, digamos, na vida, nas sessões analíticas, no casamento. Qual é a tolerância à ansiedade depressiva e ao pensamento em ansiedade depressiva? Este é um outro critério de verificação da interpretação, na cura e na vida. Se o paciente é capaz, ou não, nas suas relações de objecto, de manter o registo do objecto ao nível da ansiedade depressiva. O que implica o reconhecimento da "realidade" do objecto. Temos ainda a capacidade de organização na passagem dos aspectos maníacos aos aspectos reparadores. Melanie Klein dá muita importância há tríada maníaca que visa negar a dependência. Porque a reparação não se dirige ao objecto. A reparação dirige-se à relação com o objecto que temos dentro de nós, com os aspectos mentais do objecto. A reparação é um aspecto do qual o Self beneficia. A tríada maníaca constituída pelo controle, triunfo e desprezo visa negar a dependência, e negar a dependência não resolve a dependência. Pelo triunfo somos mais fortes ou melhores do que o objecto de que inicialmente dependemos; pelo desprezo, desprezamos as qualidades que percebemos no objecto de que também dependemos. E pelo controle nunca se perde o contacto com o objecto, de tal forma que não se sente a sua falta. Negar a dependência não resolve a dependência. Aliás dependência é um conceito que veio da psicologia para a psicanálise, e eu nem sei se ele deveria lá estar. É que não há independências. Há dependências maturativas e dependências patológicas. As únicas pessoas que gostam de ser independentes são os que são patologicamente dependentes. Os que são dependentes no sentido maturativo, não se importam de depender.

O problema é que como afirma Melanie Klein, e com razão, a defesa maníaca não é em si mesma patológica, pelo contrário, pode ser um caminho entre a ansiedade depressiva e a posição paranóide. Frequentemente vemos pacientes a ensaiarem triunfos sobre o analista, tateando movimentos de independência tipicamente maniformes "desprezando", por exemplo, as nossas interpretações. O triunfo, o controle, o desprezo, representam para muitos pacientes a intolerância à separação do analista. O analista tem que ser firme, mas tem que compreender também esta dor.

O processo de chegar a uma verdadeira individuação em relação ao objecto e ao analista passa frequentemente por um momento de organização maníaca. Portanto cumpre ao analista verificar também a qualidade da defesa maníaca e para onde ela se dirige. Não se deve confundir a defesa maníaca com a reacção terapêutica negativa. A reacção terapêutica negativa é a destruição do analista frequentemente rápida e súbita. Neste predomina a inveja ligada a uma idealização extrema do analista, da actividade mental do analista, da necessidade de pensar do analista e acontece de uma forma completamente imprevisível.

Mas isso é outra história, outro problema. Ficaremos, portanto, por aqui.

REFERÊNCIAS BIBLIOGRÁFICAS

AMARAL DIAS, C. (1997). *Tabela para uma Nebulosa – Desenvolvimentos a partir de Wilfred R. Bion*. Lisboa: Fim de Século Edições.
— (1999). *O Negativo ou o Retorno a Freud*. Lisboa: Fim de Século Edições.
— (2000). *Freud para Além de Freud*. Lisboa: Fim de Século Edições.
— (2001). *Da Interpretação Psicanalítica*. Lisboa: Analytica.
ANZIEU, D. (1959). *L'Auto-Analyse de Freud*. Presses Univertaires de France [Ed. Portuguesa: (1990). *A Auto-Análise de Freud e a Descoberta da Psicanálise*. Lisboa: Edições 70. Vol. 1 e 2].
BION, W. R. (1963). *Elements of Psycho-Analysis*, Londres: William Heinemann, Medical Books; reeditado, Londres: Karnac Books, 1984.
— (1965). *Transformations*, Londres: William Heinemann, Medical Books; reeditado, Londres: Karnac Books, 1984.
— (1967). *Second Thoughts,* Londres: William Heinemann, Medical Books.
— (1970). *Attention and Interpretation*, Londres: Tavistock Publications; reeditado, Londres Karnac Books, 1984.
FENICHEL, Otto (1941). *Problems of Psycho-analytic Techique*. Nova Iorque, Psycho-Analytic Quarterly.
FREUD, S. (1893-1895). "Studies on Hysteria (with Josef Breuer)", *SE*. vol. 2. [Ed. Brasileira: "Estudos sobre a histeria Josef Breuer e Sigmund Freud." *ESB*, vol. II, Imago Editora].
— (1900). "The Interpretation of Dreams", *SE*. vol. 4 e 5. [Ed. Brasileira: "A Interpretação dos Sonhos". *ESB*, vol. IV, Imago Editora].
— (1901). "The Psychopathology of Everyday Life", *SE*. vol. 6. [Ed. Brasileira: "Sobre a psicopatologia da vida cotidiana." *ESB*, vol. VI, Imago Editora].

— (1905). "Fragment of an analysis of a case of hysteria", *SE*. vol. 7. [Ed. Brasileira: "Fragmento da análise de um caso de histeria." *ESB*, vol. VII, Imago Editora].
— (1905). "On Psychoterapy", *SE*. vol. 7. [Ed. Brasileira: "Sobre a Psicoterapia." *ESB*, vol. VII, Imago Editora].
— (1911). "Formulation on the two principles of mental functioning". *SE*, vol. 17. [Ed. Brasileira: "Formulações sobre os dois princípios do funcionamento mental". *ESB*, vol. XII, Imago Editora].
— (1914). "Observations on Transference-Love", *SE*. vol. 12. [Ed. Brasileira: "Observações sobre o Amor Transferencial". *ESB*, vol. XII, Imago Editora].
— (1914). "Remembering, repeating and working through", *SE*. vol. 12. [Ed. Brasileira. "Recordar, repetir, elaborar". ESB, vol. XII, Imago Editora].
— (1918). "From the history of an infantile neurosis", *SE*. vol. 17. [Ed. Brasileira: "História de uma neurose infantil". *ESB*, vol. XVII, Imago Editora].
— (1920). "Beyond the pleasure principle", *SE*. vol. 18. [Ed. Brasileira: "Além do principio do prazer". *ESB*, vol. XVIII, Imago Editora].
— (1925). "Negation". *SE*, vol. 19. [Ed. Brasileira: "A Negação". *ESB*, vol. XIX, Imago Editora].
— (1926). "Inhibitions, Symptons and Anxiety", *SE*. vol. 20. [Ed. Brasileira: "Inibição, Sintoma e Angústia". *ESB*, vol. XX, Imago Editora].
— (1933). "New introductory lectures on psycho-analysis", *SE*. vol. 22. [Ed. Brasileira: "Novas conferências introdutórias sobre psicanálise". *ESB*, vol. XXII, Imago Editora].
— (1937). "Constructions in analysis", *SE*. vol. 23. 255-69. [Ed. Brasileira: "Construções em análise". *ESB*, vol. XIII, Imago Editora].
— (1939). "Moses and Monotheism: Three Essays", *SE*. vol. 23. [Ed. Brasileira: "Moisés e o Monoteísmo: Três Ensaios". *ESB*, vol. XXIII, Imago Editora].
GADAMER, Hans-Georg (1986). *Verdade e Método – Traços fundamentais de uma hermenêutica filosófica*. Lisboa: Editora Vozes, 3.ª ed., 1999 .
GROTSTEIN, James S. (1981). *Spliting and Projective Identification*. Nova Iorque, Jason Aronson. [Ed. Brasileira: *A Divisão e a Identificação Projectiva*, 1995 Imago Editora].
— ed. (1981). *Do I Dare Disturb the Universe?* Beverly Hills: Caesura.
ISAACS, S. (1948). "The nature and function of phantasy", *International Journal of Psycho-Analysis*, 29: 73-97; também em M. Klein, P. Heimann, S. Isaacs e J. Rivière, *Developments in Psycho-Analysis*, Londres: Hogaarth Press (1952) 67-121 [Ed. Brasileira: "A natureza e a função da fantasia" in *Os Progressos da Psicanálise*, RJ: Zahar Eds., 1982].

— (1939). "Criteria for Interpretation". *International Journal of Psycho-Analysis*, 20: 148-60.

KLEIN, Melanie (1952) "The origins of transference", *International Journal of Psycho-Analysis*, 33: 433-8; reeditado in *The Writings of Melanie Klein*, vol. 3, Londres: Hogarth Press (1975), 48-56. [Ed. Brasileira: "As origens da transferência" in *Obras Completas de Melanie Klein*, vol. 3, Rio de Janeiro: Imago Editora (1991), 70-80].

— (1957) "Envy and Gratitude", in *The Writings of Melanie Klein*, vol. 3, 176--235. [Ed. Brasileira: "Inveja e Graditão" in *Obras Completas de Melanie Klein*, vol. 3, Rio de Janeiro: Imago Editora (1991)].

KOHUT, H. (1971) *The Analysis of the Self*. Nova Iorque: International Universities Press.

LACAN, Jacques (1949), "La Stade du miroir comme formateur de la fonction du Je". *Revue Française de Psychanalyse*, 20: 449-55.

— (1966) *Écrits* Paris: Éditions du Seuil [Ed. Brasileira: (1998) Escritos. Rio de Janeiro: Jorge Zahar Ed. Campo Freudiano no Brasil].

MATTE-BLANCO, Ignacio (1975) *The Unconscious as Infinite Sets: an essay in bi-logic*. Londres: Duck-worth Press.

MELTZER, D. (1967) The Psycho-analytical Process Londres: Heinemann. [Ed. Brasileira: *O Processo Psicanalítico*, Rio de Janeiro: Imago].

MONEY-KYRLE, Roger *The Collected Papers of Roger Money-Kyrle*. Edited by Donald Meltzer. Clunie Press.

RACKER, H. (1968) *Transference and Countertransference*, Londres: Hogarth Press; em brochura, Maresfield Reprints, Londres: H. Karnac Books (1982).

— (1981), *Estudios sobre Técnica Psicanalítica*. Buenos Aires: Paidós [Ed. Brasileira: (1982) Estudos sobre Técnica Psicanalítica. Porto Alegre: Artes Médicas. 3.ª ed. (1988)].

RIVIERE, Joan (1937) "Hate, greed and aggression" in Melanie Klein and Joan Riviere, *Love, Hate and Reparation*. Hogarth, p. 3-56.

YORKE, Clifford (1971), "Some suggestions for a critique of Kleinian psychology", *Psychoanal. Study Child*, 26: 129-55.

WITTGENSTEIN, L. (1961) *Tratado Lógico-Filosófico e Investigações Filosóficas*. Lisboa: Fundação Calouste Gulbenkian, 2.ª ed.revista, 1995.

Títulos editados nesta colecção:

1. *Quem não Arisca não Petisca,* Maria João Sousa e Brito
2. *Freud & Companhia,* José Martinho
3. *Orofobias... Marias... e Outros Mistérios,* Jaime Milheiro
4. *Sexualidade e Psicossomática,* Jaime Milheiro
5. *Pessoa e a Psicanálise,* José Martinho
6. *Antropologia e Filosofia,* Tito Cardoso e Cunha
7. *Desenvolvimento e Identidade na Adolescência,* M. Neuenschwander
8. *A Entrevista Psicanalítica,* Jaume Aguilar, Maria Victòria Oliva e Carla Marzani (orgs.)